生きる力

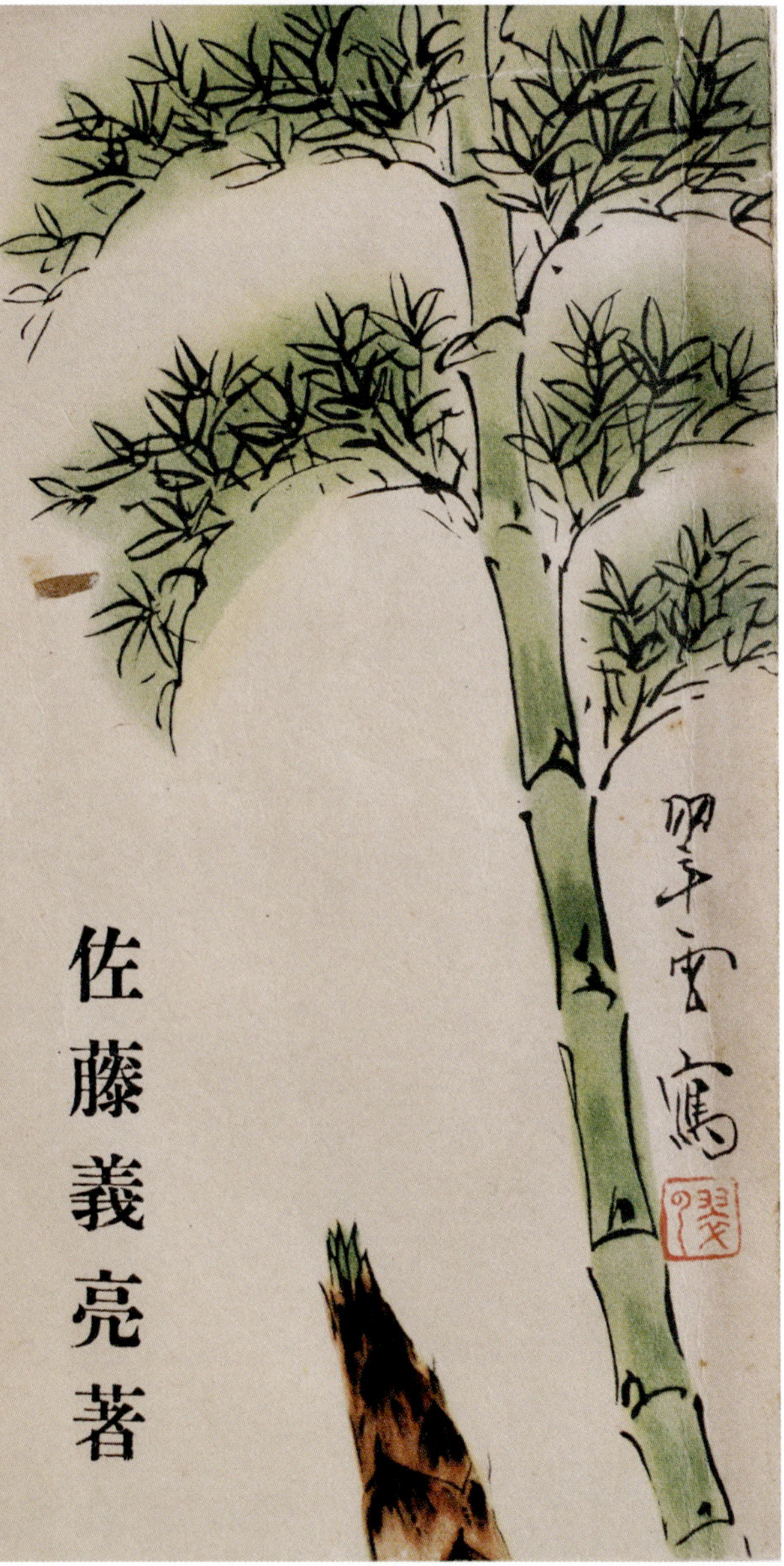

佐藤義亮著

まえがき

この度、新潮社の創業者、佐藤義亮（私の曾祖父）の書いた昭和11年発行の本を出版したいというお話を、広瀬書院の岩崎氏からいただきました。そんな古い物をと驚きましたが、著作権は切れており私からは何も申しあげることはないにもかかわらず、わざわざ会社までおいでいただき、意気込みをお聞かせくださいました。

本の中身はいつの世にも通用するしごくもっともで、新潮社自らが世に問うには気恥ずかしいくらいのまっすぐな内容です。岩崎氏とすれば、混迷を深め、人々が迷い、コンピュータによって人間が忘れられようとしている現代にこそ、先人の知恵として出版しようと言う事と思います。ありがたいことと、深く感謝申しあげる次第です。

私としては、この本に示されている普遍的な内容を、現在の言葉で、今の人にさらに受け入れられやすい形で、しっかり出版し続けよと言う、新潮社への叱咤激励として受け止めているところです。

平成二十六年六月二十五日

新潮社社長　佐藤隆信

はしがき

私は、昭和七年、『日《ひ》の出《で》』創刊第二号から、「日の出の言葉」という題で、処世《しょせい》訓話《くんわ》らしいものを載《の》せました。それは、私自身を戒《いまし》めると共に、家族のものや、社の人たちに聞いて貰《もら》うのを主眼としたのですが、案外、世間の反響がありましたので、聊《いささ》かでも世の中の為《た》めになることならと、前後五ケ年の間、一月も休まずに書きつづけて来ました。

それを本にしてくれという要求がずいぶん参りましたので、昨年の夏に、原稿の整理を始めだしましたが、外《ほか》の仕事に妨《さまた》げられて中止していたのを、今回やっと刊《かん》行《こう》する運《はこ》びになったのであります。

何ぶん浅い知見《ちけん》と狭《せま》い経験とから割りだしたものである上に、雑誌に書いた関係上、紙数《しすう》の制限があったりして、説《と》いてつくさない点が多いことと思います。ただ、人生の難関《なんかん》に直面《ちょくめん》していろいろに悩《なや》んでいる人たちが、光明《こうみょう》の道に向《むか》わるるについて幾分《いくぶん》の参考ともならば——という考えで、敢《あえ》て大方《おおかた》の一読《いちどく》をお願いする次第《しだい》であります。

人生の行路《こうろ》は、難関から難関へとつづいています。しかし、竹は節《ふし》のできる毎《ごと》に伸《の》びて行くように、人は難関を突破する毎に大きくなって行くものであります。表紙はこの意味を寓《ぐう》して、小室翠雲《こむろすいうん》画伯に竹を描《か》いていただきました。

昭和十一年五月一日

佐《さ》藤《とう》義《ぎ》亮《りょう》

目次

――昭和十一年五月初版刊行――

表紙　小室翠雲氏
挿画　細木原青起氏

★新版制作に際して
原本の表紙は、当新版の口絵に示しました。
挿画は、原本のものを用いましたが、寸法は
変わっています。（広瀬書院）

新版ジャケット・表紙デザイン　岸顯樹郎

生きる力

佐藤義亮著

全力を出し切れ

◇汗《あせ》みずくの八《や》重《え》垣《がき》姫《ひめ》

ある夏の晩、某《ぼう》劇場で『十種香《じっしゅこう》』を見ました。返《かえ》し、奥庭《おくにわ》の場《ば》になると、八重垣姫が、狐火《きつねび》につれて踊《おど》り狂うさまは、まるで花に戯《たわむ》れる胡蝶《こちょう》のような見事さです。私は恍惚《こうこつ》として眺めていましたが、あまりの蒸《む》し暑さに、絶えず汗を拭《ふ》いていなければなりませんでした。

ふと、舞台の役者もさぞ暑いことだろうと思い、注意して見ますと、何枚となく厚い着物を着込み、一秒の間も休まずに踊りまわるので、顔は汗が一杯だし、兜《かぶと》をもつ手からも汗が流れ出ているのです。これでは、役者も楽でないと、しみじみ考えさせられました。

その幕《まく》が下りるなり、私は劇場側の某氏に誘《さそ》われて、楽屋にその役者をたずねました。心から、ねぎらう気持ちになったのであります。

すると楽屋では、弟子達が湯に浸《ひた》したタオルで師匠の体の汗をふく、扇風機は盛んに廻《まわ》っている、誰からか贈られた氷の柱が立っている、という騒ぎであります。私はその役者に、

「この暑さにえらい役を引き受けたものですね、どんなに辛《つら》いか、お察しします。」

そういいますと、

「舞台では暑いなんて感じは少しもありません。」という意外の答なのです。

「どうしてですか」と、私は問い返しますと、

「勝頼《かつより》の後を追っかけて行く八重垣姫の気持ちで一杯ですから、暑いとか汗が出るとか、そんな余計な考えは少しもなく、ただ一生懸命に踊るだけなんです。」

そして更《さら》にこうも言いました。

「それが一旦《いったん》楽屋へもどって自分の体になったと思うと、意気地がなくなって、暑い暑いと大騒ぎをやるのです。まったく人間は勝手なものですよ。」

己《おの》れを忘れて、そのものになり切れとは、芸道の上のみでなく、すべての仕事をやってゆくものの大切な心構《こころがま》えであります。そしてその微妙《びみょう》な気持ちが、年若いこの役者の口から聞かされようとは、全く予期しないことでした。そこで私は、

「その境地《きょうち》まで行かれるには、並大抵《なみたいてい》の修業ではありますまい。」と言いますと、

「なんにも難しいことはありません。唯《ただ》、その役になり切ればよいのです。」

答はこれだけだったのですが、私はその短い言葉から深い感銘を受けました。

◇なり切る覚悟

なり切ってしまう　これは実に尊《とうと》いことであります。自分を忘れるというよりも、自分とその仕事とが一つになってしまうことは、一切のものの成就《じょうじゅ》する上において、極《きわ》めて肝要《かんよう》であります。

では、なり切るには、どんな心構えでいたらよいかというに、それは、読書をする時は読書そのものを喜んで外の何事も考えない。働くときは働くことを喜んで、その外の何物も思わない。運動をする時は運動に、事務をとるときは事務に、喜んで自分の魂《たましい》をうち込むことなのであります。

働くときは、世界の情勢がどうあろうが、米の値《ね》がどうあろうが、何人殺しの裁判がどうあろうが、そんなことなど一切頭のなかに入れず、ただ専心《せんしん》に働けばよいのであります。これを実際労働の体験ある人に聞きますと、一本の釘《くぎ》を打つにも、心に不平があったり、いらだったり、外のことを考えたりすると、その釘は曲ってしまうか、又は指をひどく打つかするそうです。建築場で、高いところから落ちて怪我《けが》をしたり、機械に挟《はさ》まれて痛い目を見たりする人などは、大抵《たいてい》、働きながらいろいろと余計なことをおもい、心はそこにいないから起ることであって、即《すなわ》ち、なり切っていないのであります。

要するに、なり切ることができないのは、緊張《きんちょう》を欠《か》くか、或《あるい》は不平不満の心を起すかして、そのものに融《と》け込めないからです。即ち全力を挙《あ》げてそのものに、ぶつかることをしないからであります。

◇力を制限するな

どんな小さな仕事でも、自分に与えられた以上、獅子《しし》が兎《うさぎ》を捕えるに全力を出すような決心でやらなければなりません。まして自分の生命とする仕事に対しては、喜び勇んでその全力を出し切ることが当然であります。この決心のある人のみが、神の有《も》つ無限大のタンクから、いくらでもそれに必要な力を与えられます。読者諸

君よ！　夢にも、自分の力はこれだけだなどと決めてしまってはなりません。自分は智慧《ちえ》の浅い、才分《さいぶん》の乏《とぼ》しいものだなどとけちな考えを起してはなりません。本当に出そうと思えば、いくらでも出すことのできるものは、私たちの力だからであります。

　私の知合《しりあい》で、演説会などに出てしゃべりたいが、声が小さいので駄目《だめ》だと諦《あきら》めている人がありました。私はその人に言いました。あなたは、どうして自分の声がこれ以上出ないと決めてしまうのですか。あなたの声が果《はた》してどこまで出せるかは神のみが知るところでありましょう。あなたが一人いる時、もし家《うち》の中から火が出ましたら、自分は声が低いからと言って口をつぐんで居《お》られますか。きっと、隣近所に鳴りひびく大声で救いを求めるに相違ありますまい。そうだとすれば、何も考えず、自分は大きな声でしゃべれるものと信じて演壇へ立たれる筈です――私はこう強く励《はげ》ましました。その結果は、私のおもう通り、可《か》なり大きな声でしゃべることができたのであります。

泳ぎが相当うまくなっても、まだ自信のない人は、遠くへゆくことは怖《こわ》くてできないものですが、傍《そば》に水泳の達者な人がいるか、或は何か縋《すが》りつける浮標《うき》でもあると、平気で沖の方へ進んでゆけます。そのうちに、水泳の達者な人が俄《にわ》かに速力をだして遠くへ行ってしまい、浮標も亦《また》どこかへ流れてしまったとします。広い広い海のなかで、何の頼るものもなく、ぐずぐずすれば溺《おぼ》れてしまう、という大変な破《は》目《め》になりますと、かつて出したことのない力が猛然として湧《わ》き起って来ます。その人は、全力を出してぐんぐん波を乗り切って自由に泳いでゆくのであります。そのしきる機会を摑《つか》んで水泳のコツを覚《さと》ることができたのでありました。

しかし私がここで述べたいことは、演壇でしゃべれるようになったり、大胆《だいたん》に泳げるようになったりすることは、単に、演説や水泳に止《とど》まらないで、その人の生活態度を積極的ならしめるという、大きな結果を齎《もたら》すことであります。

しゃべれば、しゃべれるのに、人前恐ろしく逃げ廻っていた人が、もし商売人であったら、きっと仕入れの上にも販売の方面にも、積極的な繁昌《はんじょう》の途《みち》など考えようともしなかったろうし、同業者の寄合《よりあ》いなどには、隅《すみ》の方に小さくなっていたに相違ありません。然《しか》るに、平気で演壇に立つようになると、今まで自分ながら弱り切っていた消極《しょうきょく》、小心《しょうしん》、臆病《おくびょう》といった泥濘《ぬかるみ》の中から足をきれいに抜き去ることができて、商売の方は積極的になるし、交際の上には元気がでるし、今までとは別の人に見えるようになります。そしてこれは、単に商売人のみでなく、芸術、教育、政治、あらゆる方面の人に向っても同じように云《い》えるのであります。

なぜ、そうなるのかと云えば、私たちの一切の動きは、心からでるのですが、その心には、ここが演説の部分とか、ここが商売の部分とか、或はここが遊戯《ゆうぎ》の部分とか、そんな区劃《くぎり》など勿論《もちろん》ありません。演壇に対する心構え一つ変れば、商売や遊戯の方の心構えが一緒に変ってしまうことは、当然すぎるほど当然であります。而《しか》もその変化はこれに止《とど》まらないで、親に似て消極的だった子供の性格までが、親が変ると共に積極的になるという、驚くべき事実が見られるのであります。

だから私たちは、どんな事でも積極的にぐんぐん進んでやらなければウソです。そしてそれは、『本当にやるぞ！』という決心一つで必ず出来るのですから、自分の力を割引きして、これは駄目だとか、六《む》つかしいとか言って、手を縮《ちぢ》め体《からだ》をすくめてしまうようなことは、あまりにも愚《おろ》かしい業《わざ》であります。

前に話した役者も、暑いとか辛《つら》いとかを念頭におかずに、ただ全力をだして踊るべきものと思い込んでいたから、滝のように流れる汗が、少しも苦にならなかったのです。若《も》し自分は汗かきで暑さに弱いから、着物もなるべく薄《うす》くし、時間もできるだけ短くし、踊り方もあまり烈《はげ》しくならない程度に加減《かげん》しようなどと、初めから暑さを怖《こわ》がってこれと妥協する考えで舞台に立ったなら、必ず暑さに負けてしまって、なり切る境地どころか、とんだ失敗を演じたことでしょう。

それは、敗北を予想して、逃げ路をつくるような戦争では勝てる筈がないのと同じ意味です。退《しりぞ》くときの用意にと、梶原《かじわら》が船に逆櫓《さかろ》をつけることを勧《すす》めたとき、一言《いちごん》の下《もと》にはねつけた義経《よしつね》であってこそ、屋島《やしま》や壇《だん》ノ浦《うら》の快勝は得られたのでありま す。自分の力が無限大であると信ずるものにのみ、勝利の栄冠《えいかん》が与えられることは、戦争も処世の道も変るところはありません。

他所《よそ》の花を羨《うらや》むな

◇悲喜劇一《ひと》幕《まく》

福島県の或る名高い温泉の中に、某《なにがし》の湯というのがあります。そこを流れる小川に臨《のぞ》んだ旅館の一室に向って、多勢《おおぜい》の百姓《ひゃくしょう》たちが、罵《のの》り騒《さわ》いでいます。

「馬鹿野郎、ここへ出て来い。」

口々にこんなことを怒鳴《どな》っていますが、そのうちに、一人の男が手を喇叭《らっぱ》のように口にあて、割れかえるばかりの大声で、

「親父《おやじ》の金を持ちだして馬鹿つくす泥棒野郎！」と、わめき立てています。

今までこの騒ぎを気にもかけなかった室内の二人の客は、この時始めてびっくりして、どういう訳なのか、番頭《ばんとう》を呼んで聞いて見ました。

二人の客というのは、『日の出』に連載小説を書いていられる某《ぼう》作家と、本社のY社員でした。その作家は、締切が次第に迫ってくるが何《ど》うしても書けないところから、花散《ち》って客も少くなった某《なにがし》の温泉で静かに執筆しようと、そこに出掛けたのですが、四五日待っても原稿は送って来ず、編輯《へんしゅう》の締切は次第に迫ってくる、こうしては居られないというので、Y社員を特派したのです。

ところが行って見ると、まだ一行も書けていない原稿紙を前に、その作家は頭を抱《かか》えて暗い顔をしていました。さすがに強い催促《さいそく》もできませんでしたが、切羽《せっぱ》つまった編輯の内情をこまごまと話しますと、まことに済まない、今晩こそは徹夜してでも書けるだけ書くからと言われるのです。そしてこんな腐《くさ》れきった気持ではいけないから、まだ早いが晩酌《ばんしゃく》を少しやって元気になろうと、女中に酌をさせながら、一人は作家生活の苦しさを、一人は編輯という仕事の困難さを語りあっているところへ、百姓たちの騒ぎが起きたのでした。

その温泉へ行ってからの作家は、一日に二三回ずつ散歩するのですが、百姓たちは、東京から遊びにやって来て、退屈凌《しの》ぎにぶらぶら歩いているのだと思いこんだのです。自分たちは働いても働いても、生活の苦しみから逃《のが》れることができないのに、何という冥利《みょうり》を知らない男だろうと、憤慨《ふんがい》しあっていたのですが、丁度《ちょうど》Y社員のついた日、野良《のら》仕事の帰りにふと旅館の方を見ると、女中の酌をしているのが、芸妓《げいしゃ》でもあげて遊びほうけているように思い、癇癪《かんしゃく》が一時に破裂《はれつ》して怒鳴りたてたのでした。

番頭から、いきさつを詳しく聞いた作家は、あまりの意外に長大息《ちょうたいそく》せずにいられませんでした。

「自分は、思うように書けない苦しさから、どうかして気持を換《か》えようと、無理から散歩していたのですが、その時、何のわずらいもなさそうに働いている百姓たちの単純な生活を、どんなに羨《うらや》ましく思ったことでしょう。然《しか》るに、事実は全然その反対で、私が羨ましがられていたのです。まるであべこべなところが、人生の縮図というのでしょう。」

と、しみじみ語られたそうです。

◇他所《よそ》の花は赤い

二人の同窓生があって別々の会社に勤めることになりました。数年の後、甲の妻君が乙のところへいき、自分の夫の収入の乏しいことなどを取りだして愚痴《ぐち》ばなしを始めますと、乙の妻君は、うちの夫の出世の早さを暗《あん》に自慢して、生活の余裕をほのめかし、しまいには新調の着物までもひけらかしたので、甲の妻君は心が暗くなり、悄《しお》れきって家《うち》に帰りました。夕飯のときに夫に向って、その話をしますと、夫は笑いだして、

「とかく女は虚栄《きょえい》が強いから、そんなことをいうのだ。僕はあいつとよく喫茶店へ行くが、逢《あ》えば屹度愚痴《きっとぐち》がでる。仕事が厄介な上に、絶《た》えず暗闘《あんとう》があって社内は揉《も》め通し、上役への附《つ》け届《とどけ》や宴会が多くって月給がいくらも残らない。イヤもう散々だなどと口癖のようにいっている。そこへ行くと僕なんかは仕合《しあわ》せだよ。給料こそ少いが、たべるには不足がないし、上役はいい人ばかりで、腕一杯働かして貰える。ことにうちの社はやり方は派手《はで》でないが、末の見込があるのだから、不平なぞいうのは勿体《もったい》ない。」

といったので、妻君はふかく感じ入ったそうであります。

『他所《よそ》の花は赤い』と云《い》う言葉があります。

元来、私たちは他所の花ばかり見て羨ましがっているのではないでしょうか。わ

が家《や》の花もよく見れば、それぞれの趣《おもむ》きがあり風情《ふぜい》があるのに、これを顧《かえり》みないで、他所の花にあこがれたところで、何にもならないことです。

いかに立派そうに見える床柱《とこばしら》でも、そのうしろには穴があるように、外のよさに比べて内輪《うちわ》は却《かえ》ってよくないのもあれば、外《そと》は幸福そうに見えても、意外に悩みのあるのもあります。然《しか》るに、世間の人はみな幸福らしく、朗《ほが》らかな日《ひ》ぐらしをしているのに、自分ばかりは何というみじめな境遇だろうと、人を羨み、己《おの》れを憐《あわ》れみ、はては、天道《てんどう》の是非《ぜひ》をさえ疑うような人が甚《はなは》だ多いのです。そして遂には、相手の実情などは少しも知らず、独《ひと》りぎめの勝手な判断から、なにがし温泉の百姓たちのように罵《ののし》りわめく人さえ出てくるのであります。

あの温泉場の風景は、まさしく一場《いちじょう》の悲喜劇です。が、単に興味ある一幕物《ひとまくもの》として見過してはなりません。その中《うち》には、すべての人が心をこめて聞かなければならない人生の教訓があります。それは、他《ひと》を羨む心はその人の幸福を破壊《はかい》するということです。

人には、それぞれの境遇《きょうぐう》があります。その境遇に少しの不平も起さず、それに応じて行ってこそ、幸福の道は拓《ひら》けるのであります。境遇に応じて行くとは、金がなければ金のない心持でいるし、地位が低ければ、地位の低いのを何とも思わずに働くことをいうのです。だから、隣りの花は、自分の庭のより赤いからと云って憤慨《ふんがい》したり、自分の境遇よりまさっているものを呪《のろ》ったりするような心では、何をやっても成就《じょうじゅ》する筈《はず》はありません。詮《せん》じつめて云《い》えば、他人《たにん》の姿を見て、心を動かしてはならないのです。他人を羨んだり、憎んだり、憤《いきどお》ったりするのは、みな道に反する我儘《わがまま》であります。この我儘は人の心を汚《けが》し濁《にご》らせる滓《かす》です。靴の底に小石一つ入っても不愉快になって、それを除《のぞ》き去らずにいられない人が、どうして心の滓をそのままにして置かれましょうか。

◇うたたねの肱《ひじ》枕《まくら》

元来、世の中のことは、何一つおもうようにならないのは

願《ねが》はじな世《よ》はうたたねの肱枕《ひじまくら》
　左かなへば右は苦《くる》しき

の歌のとおりであります。右枕になったので、左の腕がやっと楽になったと思うと、右の方はいままで楽をしていたことを忘れて、不平をおこしますが、こんな勝手な人がずいぶん多いようです。世間で『足《た》ることを知れ』というのは、『一切《いっさい》は足《た》らぬものである』の意味にとるべきです。春は日が長くてよいと思えば夜が短いし、秋は夜分よく息《やす》める代りに、昼十分はたらく時間がありません。角《つの》のある動物には牙《きば》がなく、翼《つばさ》ある鳥には四足がない、それをお互に不平を起したところで何《ど》うなりましょう。

考えて見れば、世の中には、相手を羨《うらや》んで自分の不平不満の材料にするようなものは一つもない筈です。人の最も多く悩むのは、貧しいことですが、その貧しさも喜んで受け容《い》れさえすれば、自分を大きく太《ふと》らせる肥料となります。風が強くあたる樹木は、下に深く根が張っているように、貧しくても何の不平なく、喜んで働いている人は、他日《たじつ》大いに伸びる準備としての大事な根が、いつの間にか張られています。

だから、いわゆる逆境にいると云って成功者を羨み、悶《もだ》え苦しむのは間違《まちが》いです。成功者は、成功に値《あたい》するだけの努力を積んでいるのですから、それをただ羨むのでは何の意味もないことを悟《さと》り、自分もまた、その人に劣《おと》らない努力をすればよいのです。が、大きな顔をして世間をわたって歩く人で、少しも羨むだけの値打のないものも亦《また》決して少くないことを知らなければなりません。

牛込《うしごめ》の高台《たかだい》に昔の大名のような住いをしている富豪がありました。鬱葱《うっそう》たる樹立《こだち》を通して見えるその邸《やしき》がまえの厳《いか》めしさは、道ゆく人の足をとどめるほどで、一体どんな果報者《かほうもの》が住んでいるのかと、目を見張らせました。あの福島県のなにがし温泉の百姓たちでしたら、早速『馬鹿』呼ばわりして、石でも投げるところでしょうが、中に入って見ると、地獄の修羅道《しゅらどう》そのままだったのです。

その家の長男は勘当《かんどう》になって遊興費《ゆうきょうひ》につきた為め、夜中に変装して自分の家へ強

盗に入り、父にピストルを向けて脅迫したのです。この父というのは、事業の方面にも家庭生活の上にも道に外《はず》れたことばかりで、その心の中には、疾《とっく》に盗賊が忍び込んで、幸福という宝玉は一つ残さずに奪いとられてしまいました。心の中の宝玉が盗まれた後に、このような浅ましい場景の演ぜられることは寧《むし》ろ当然というべきでしょう。果《はた》して間もなくこの大邸宅は、人手に渡るような悲惨な末路を見せました。

　この大邸宅の隣りに、それと対照をなすように、大木の下を這《は》い歩く蟻《あり》のような小さな家があって、そこに若い夫婦が住んでいました。この二人は、何の不足心《ふそくごころ》も不平もなく、夫は朝、元気で勤め先きに行きます。妻はいそいそとしてそれを見送ります。この光景だけでも、人を朗《ほが》らかにせずにおりません。自分の家《うち》に覆《おお》いかぶさるように建てられた隣りの邸《やしき》を見ても、羨ましいとも何とも思わず、勤め先きの会社で与えられた仕事を、まことをこめて励《はげ》むだけでした。同僚《どうりょう》が自分を超えて上に昇ろうとも、友達の俸給《ほうきゅう》が自分より多くなろうとも、そんなことで眉毛《まゆげ》一本動かすような弱い信念ではなく、黙々としてひたむきに働いております。

こういう人は、自《みずか》ら吹聴《ふいちょう》しなくても、その存在が大勢の中に眼だって来ます。やがて、ひまわりの花が自然に太陽の方に向くように、社長の眼が、部長の眼が、その人に向わずにはいられなくなります。

幸福を壊《こわ》すも、幸福を招《まね》くも、所詮《しょせん》はわが心一つであると思うとき、人の世の面白さがつくづく感ぜられましょう。

自分と妥《だ》協《きょう》するな

◇朝から先ず妥協

才もあり、学もあり、計画にも長《ちょう》じている人でありながら、そのやっている仕事が少しも芽を吹かず、いつまで経《た》っても下積《したづ》み状態から一歩も出ないでいると、それは、畢竟《ひっきょう》、運がないのだと決めてしまう人があります。

この運と称《しょう》するものが、偶然のめぐりあわせという意味であるとしたら、大きな間違いであります。世の中に偶然などというものは絶対にありません。よかろうが悪かろうが、それだけの結果の現れて来るには、それをもたらす原因が、必ずあるべき筈です。

そして、その原因は、大抵《たいてい》の場合、自分に対する妥協が禍《わざわい》をなすのであります。

元来、妥協とは話をまとめる、又は、おりあいをつけるという言葉で、別段かわった意味などはないのですが、明治のおわり頃、政府と政党とが議会で衝突《しょうとつ》した場合、裏面《りめん》で、何らかの条件つきで無事通過をはかったことは、可《か》なり長い間続きました。当時、妥協政治と呼ばれて心あるものの指弾《つまはじき》を受けたのですが、日本の政治は、これがため公明を欠いてどんなに暗くなったかは、今なお記憶している人が多いだろうと思います。それ以来、この『妥協』という文字は、話合いで一時をごまかすという意味にとれて、何となく快《こころよ》くない響きをうけます。言葉もまわり合せで、とんだ災難にあうものだと思いますが、それが『自分に対する妥協』になると、単なる文字《もんじ》の上の感じなどと違って、ゆゆしい問題が含まれています。

『自分に対する妥協』というと、言葉は奇《き》に過ぎるかも知れませんが、私達は日々《にちにち》どんなに、いい加減《かげん》な理屈をつけて、自分と勝手なおりあいをつけていることの多いかに気づきます。

たとえば成功者の大部分が、太陽と共に起きて働いた人であると聞き、よォし、

自分も夜のあけないうちに起きよう、明日から断然実行する――、こう決心したとします。さて、眼ざまし時計が指定の時間に鳴りひびきだしたのをきっかけに、懸声《かけごえ》勇ましく起きてしまえば、何事もないのですが、そうゆかないと『自分に対する妥協』がはじまるのであります。

まだ戸外《そと》は薄《うす》ぐらいのに、自分だけ早く起きては家族の迷惑になるだろうとか、朝起きは今日に限ったことでないから、明日から始めたらどうか、などと自分への『妥協問答』をします。

他人と違って、自分が自分に相談するのですから、反対を受けることがなく、極《きわ》めて簡単に纏《まと》まります。そして、明日から起きると決った以上、今朝は朝寝の最後だから、お別れにゆっくり寝てやろうと、甚《はなは》だ都合のよい、勝手な理屈をつけて、ぐっすり寝てしまいます。

この人は、翌《あく》る朝も、その次の朝も、恐らく永久に早起きのできないことと思います。朝の眠いことが苦になる間は、到底《とうてい》起きられるものではありません。鳥は夜《よ》があけかかると、機械的にパッチリ眼があいて、機械的に飛んで行きます。人間はそうはゆかない。朝はどんな人でも眠いのですが、それを思い切って起きるところに、人間の努力があり、人間生活の尊さがあるのです。そして、この努力する心構えを根こそぎ掘りくずしてしまうものは、『自分に対する妥協』であることを知らなければなりません。

◇尊い人間の努力

或《あ》る事の言訳《いいわけ》に行かなければならない場合、先方の主人の苦い顔を想像すると、どうしても足が進まない。そこで、何も今日に限ったことはないのだから、明日でもよかろうと、立ちかけた腰をおろしてしまう人があります。

急いで出すべき手紙があるが、先方を不快にする事実を列《なら》べなければならないので、どうも筆《ふで》がうまく運《はこ》ばない。こんな気分の重い時に書くのは宜《よろ》しくないと、理屈をつけてやめてしまう人があります。

某《なにがし》の名士を訪問する用事があるが、あの気むずかしやに又怒鳴《どな》られるかも知れないと思うと、どうにも億劫《おっくう》でしかたがない。こんな気分の時は失敗するものだと思いかえしてしまう人があります。

こういう例は、多くを挙《あ》げなくても、皆さんの中には、思いあたる方もあることでしょう。つまり今日やらない人は、明日も亦《また》やらない人です。その翌日もその翌々日も、或は永久にやらないで終ることになるかも知れません。

これは、自分で自分に言訳をし、自分で強《し》いて理屈をつけて努力をしまいとする自己妥協であります。人間生活のなかで最も尊い努力を怠《おこた》った場合、済《す》まないことだと思って心に悩む人は、まだまだ救われる見込みがあります。それは努力しなければならないという自覚を失っていないからですが、もし、努力しないことに理屈をつけて、安心するようになれば、もう脈《みゃく》はあがったりです。

ここに素晴らしい計画を立てた人があるとします。その人は未来の成功を夢みて喜びに浸《ひた》っているのですが、いよいよ実行の段取《だんど》りになると、目の前に様々の障害物が姿を現わして来る、しかも予想すらしなかった大きな障害物なのです。それを見ていると、恐ろしくなって勇気が挫《くじ》けてくる。自分は果《はた》してこれを乗り切ることが出来ようかと、ここに疑問符の?が出て来ると、忽《たちま》ち頭を擡《もた》げだすものは、自己妥協です。そして、

「何もそんなに無理をしなくてもいいではないか。仕事は慌《あわ》ててやってはいけない。

徐《おもむ》ろに機会をねらって、万全を期するやり方がよくはないか。」

と、一方の自分に相談をかけます。相談かけられた方の自分は、

「それは至極《しごく》結構、安全第一が何よりだ。」

と賛成します。こうして妥協の成立したときは、その素晴らしい計画が、煙のように消えてしまった時であります。

◇ただ実行力一つ

前の例は、私の社などにも屢々《しばしば》あったことですが、出版の案《プラン》が確定して、某《ぼう》と某《ぼう》の社員がいよいよ実行にあたることになった場合、そのうちの一人が竊《ひそ》かにやって来て、

「この案は大胆すぎませんでしょうか、これこれしかじかの障礙《しょうがい》を突破することは大変だと思います。労多くして効《こう》の少いこの案より、もっと楽な、安全な方法をとられることは、社のためだと思いますが――」

という提議をするのです。この人は、とつ、おいつ、思案にくれた果《はて》に、これが社のためだという考えから言いだしたつもりでしょうが、やはり卑小《けち》な臆病心《おくびょうごころ》から自分との妥協をやった結果に相違ありません。

私はその人に向って、

「すでに案を決めて、練《ね》りに練り、鍛《きた》えに鍛えて、いよいよ実行に一歩を移した時は、最早《もはや》難関とか障礙とかは消えて無くなった筈だ。何故かといえば、

実行する！　こう本当に固い決心をした時は、

その仕事は、既に二分の一は出来あがっている。

と言ってよい。そして残りの二分の一は、実行によって完成するのだ。この上はただ一路邁進《いちろまいしん》するだけのこと。今更《いまさら》思いかえせせなどという言葉は、折角《せっかく》だが聞いていられない。」……と言ってやります。

昔からの戦争に、よくこういう『自己妥協』者が現われて、難関を避けさせようと建言《けんげん》したことだろうと思われます。主将の強い信念がこれを一蹴《いっしゅう》して、その難関

と称するものに、まっしぐらに馬を乗り入れた場合、勝利の栄冠《えいかん》は必ず下《くだ》るのであります。要は、強い決心をする、すぐ実行に移る、これだけであります。この間《あいだ》に、少しも『自己妥協』をする隙《すき》を与えず、一歩から二歩、二歩から三歩と進んで行くことは、例えば、秀吉が毛利《もうり》と和を講《こう》ずるや、天上から落下する勢いで東に馳《は》せ向い、一挙《いっきょ》に光秀を山崎に仆《たお》した、あのすばらしい決心と、すばらしい実行力そのものでなければなりません。

私たちのような小さな仕事に、天下

分け目の戦争など例に持って来られては迷惑だと言う人がありそうですが、しかし皆さんはいつも天下分け目の戦争をしている筈です。世の中の進歩の流れは頗《すこぶ》る急で、その流れに伴って行けないものは、忽《たちま》ち落伍《らくご》してしまう。所詮《しょせん》、私たちは常に死生線上《しせいせんじょう》に立たされて、もの凄《すご》い戦争をしているのです。だから大事はもちろん、脚下《あしもと》に横たわっているような小事《しょうじ》でも、強い決心と、固い実行力とで、どしどしやって行かなければなりません。

前の例で云《い》えば、言訳に行くべきところがあったら、さっさと行くこと。書くべき手紙があるなら、思うままを書くだけのこと。訪問する名士には、都合のよい時間を聞いてすぐ出掛《でか》けて行くことです。

その場合の心構えは、やろうとすることに向って、その結果を予想せず、ただ素直に、最善をつくしてやる――これであります。本当にこの心構えで事にあたったなら、周囲の事情は、必ず都合のよいように、ガラリと変って来ます。気むずかしいその名士は、ニコニコして会ってくれるでしょうし、何かの言訳に行っても、簡単に解決されましょう。気にやんでいた手紙も、案外先方の気持をわるくせずに要領を得るものです。

そして、こんな小事だから思うままに行くというのでなく、どんな大事でも、この心構え一つで順調に進むことができます。然《しか》らば何を好んで『自己妥協』などをしている必要がありましょう。私たちの仕事を毒《どく》し、成功を遮《さえぎ》るところの心の滓《かす》、それは『自己妥協』であると悟《さと》って、そんなものは、さらりと西の海へ投げ捨ててしまわなければなりません。

一日一日の緊《きん》張《ちょう》

◇提《ちょう》灯《ちん》行列の教訓

国家的の祝事《いわいごと》のある度《たび》に、私の社では提灯行列をやるのが例になっています。社の前から長蛇《ちょうだ》の陣《じん》をつくって丸《まる》の内《うち》に至り、宮城《きゅうじょう》を拝《はい》して、君が代を唱《とな》え、万歳を叫んで帰途につくのですが、その間、ずいぶん疲れて、足の動けないような人が多い中に、行列に交っている社員の子供たちは、往復とも、元気に少しの変りなく、始終、万歳の叫び通し、旗の振り通し、躍《おど》るような調子で、どんどん進んで行くのであります。

私はこれを見て、「面白いものだなア」と深く感じさせられました。大人は、もう大分歩いたとか、まだ余程あるから疲れるだろうとか、チャンと前から決めて居ります。殊に宮城前の礼拝《らいはい》が終ると緊張が一ぺんに抜けてしまい、がっかりした様子をありありと見せるのですが、子供たちには全然そんな考えはなく、ただ歩いているだけです。もうどのくらい来たとか、これから先きどのくらいあるとか、そんなことなど更《さら》に頓着《とんちゃく》せず、瞬間瞬間を何の余念もなくただ歩いているのです。それでは、疲労の来ないのが当然すぎるほど当然なことであります。

これは、私たちが人生をわたり、仕事をする上にあたって、実に大きな教訓でなければなりません。

こんな寓話《ぐうわ》があります。

神が、五百尺《しゃく》もある高い塔《とう》の上から、一すじの縄を地上に垂《た》らし、その縄をよじ登る力を人間に与えられました。そしてそれを真直《まっすぐ》に登り終ったものには、この世で獲《え》がたい宝を与えるということになったのです。

皆《みんな》の喜んだことは言うまでもありません。いずれも先きを争って登って行きましたが、凡《およ》そ七八十尺も登ると、もうどのくらい来たかなと思って、下の方を眺めたものは、その刹那《せつな》に縄からふり落されました。また後から登って行って百尺くらいに達したとき、この先きどのくらいあるかなと思って、上を見たものは、これ亦《また》す

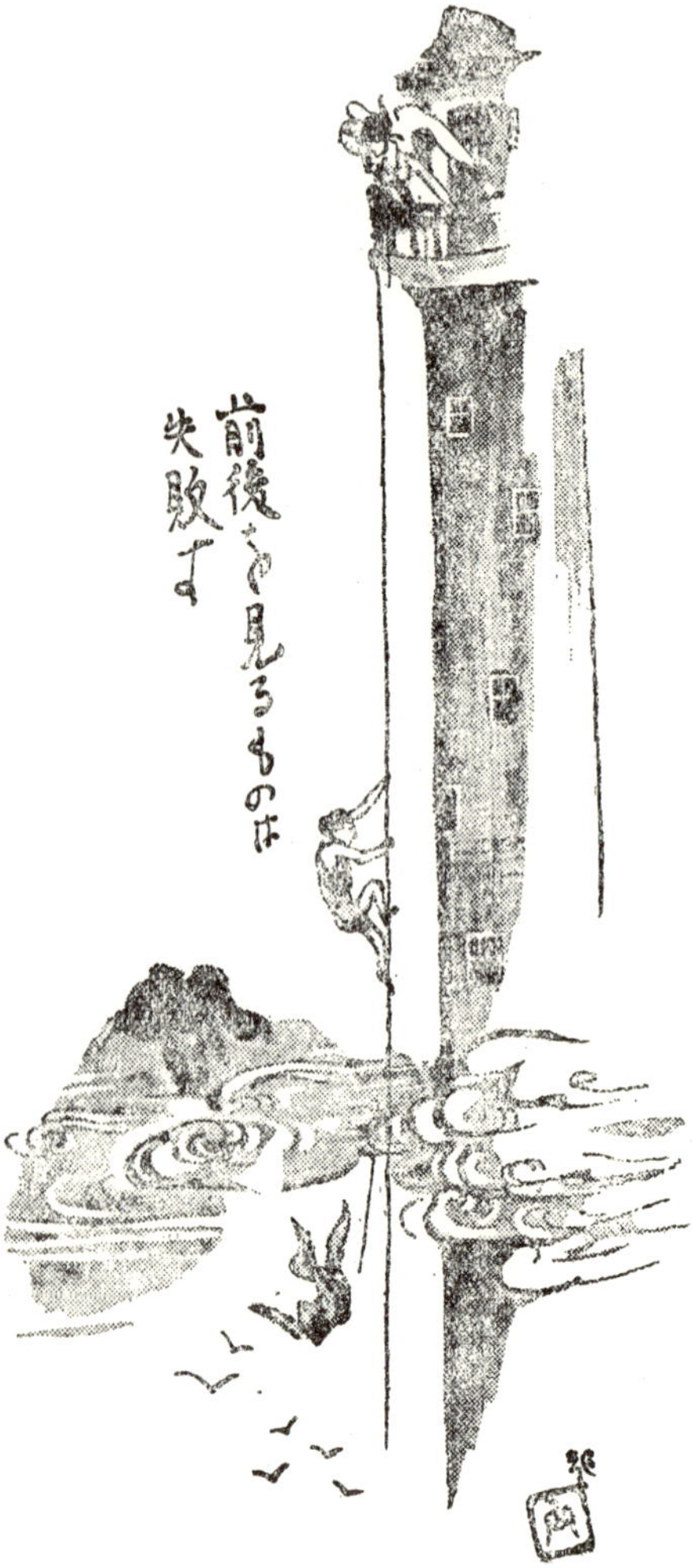

ぐ落されてしまいました。

大抵《たいてい》は、こうして落ちていった中に、たった一人、前も後も見ようとせず、しっ

かりと縄をつかんで登って行って、とうとう塔の上に達したものが、その宝を獲《え》たというのであります。

人生は畢竟《ひっきょう》『今《いま》』の連続に外なりません。それならばその『今』を忘れて、前をながめて未来のことを心配したり、後を顧みて過去を思い煩《わずら》ったりしては、成功の縄から振り落されること、当然といわなければなりません。

◇福島中佐の騎馬遠征《きばえんせい》

日清《にっしん》戦争の前《ぜん》一年、日本人のえらさを、恐らく始めて世界に示したものは、ドイツ公使館づきだった福島中佐（後《のち》の大将）のシベリア遠征でありました。

当時のシベリアには鉄道などは勿論《もちろん》なく、猛獣、凶賊《きょうぞく》の出没するにまかせた曠野《こうや》の中をただ一人、馬に乗って通るのですが、あの長い長い道中を踏破《とうは》しつくして日本に帰った時は、朝野《ちょうや》を挙《あ》げて凱旋《がいせん》将軍を迎える以上の歓迎だったし、従来、眼中《がんちゅう》に日本人の無かった欧米の人たちも亦挙《またあ》げてこの素晴らしい冒険と勇気とを讃嘆せ

ずには居られませんでした。

中佐が日本へ着いたとき、お祝いに行ったある人が、

「露都《ろと》を御出発になって馬の頭《かしら》を東に向け、いよいよ広漠《こうばく》たるシベリアにかかろうとされたときは、何日《いつ》になったら日本へ着けるかと、さぞ心細くお感じになられたことでありましょう。」

と申しますと、中佐は、

「いいえ、そんなことは少しも感じませんでした。毎日馬を東へ、東へと乗りすすめ、ただ出来るだけの道を進み、日が暮れると、馬と一緒に休むという風《ふう》で、その日その日を、一生懸命に努めようとする外、何事も思いませんでした。」と事もなげに答えたので、その人はいたく感じ入ったと云うことでした。

◇誰も知らぬ『明日《あす》』の顔

福島中佐の話を聞いた人は、それなればこそ、天晴《あっぱ》れ、空前《くうぜん》の大冒険が成就《じょうじゅ》されたのだと覚《さと》ったことでしょう。丁度《ちょうど》、一筋の縄を摑《つか》んで傍眼《わきめ》もふらずに進んだという寓話《ぐうわ》の中の人物の心掛けと同じであります。つまり、『昨日《きのう》』に囚《とら》われないと共に、『明日《あす》』を悩まない人であって、はじめて大きな仕事が出来るものであることが証明されたのであります。

然《しか》るに、世間には、どんなにこの『明日』に引きずり廻《まわ》されている人が多いことでしょう。昔から誰も聞いたことのないものは冥土《めいど》の便りであると共に、誰も見たことのないものは『明日』の顔であります。そういう顔を強いて見ようとするのは愚《おろ》かなことです。例えば、商売人が、少し客足が鈍《にぶ》ったりしますと、毎日こんな事が続かれては困る。明日の売上げはどうだろうなどと、早速取越し苦労をはじめて、不安になり、憂鬱《ゆううつ》になり、焦《いら》ついたりするようでは、絶対に商売が繁昌するものでありません。

それとは反対に、明日という日に、当てにもならない期待をかけて好《い》い気になっている人もずいぶん多いようです。明日は素晴らしくうまいことがあるぞ。明日はえらいことになって人を驚かしてやるぞ、と相好をくずして喜び、晩に前祝いをしたところで、明日という日が来て期待に反した場合、喜びすぎた反動として萎《しお》れかえってしまうのです。

これは商人ばかりでなく、勤めに出る人たちなども、今月の働きぶりは上役の眼にとまったに相違ない、月末の昇給疑いなしと決め込んでも、それは月末になって見なければ分らないことです。これまた期待が実現されないと、がっかりしてしまって、果《はて》は、上役を恨《うら》むのが落ちということになりましょう。

◇私の『今日《こんにち》主義』

ここに於《お》いて、私は『今日主義《こんにち》』というものを唱《とな》えたいと思います。それは、今日《きょう》の日を生かし切れ、明日《あす》の事を思い煩《わずら》うな——というのであります。『今日主義』なる言葉は、前から世間に使われて居たもので、今日という日を呑気《のんき》に面白く過せばよい、明日はどうなるか、その日その日の風まかせという意味ですが、私の言う『今日主義』は、そんな浮いたものでないことは勿論《もちろん》であります。

私たちは、何事をやるにも確乎《かっこ》たる計画を立てなければなりません。五年の後、十年の後までも考え、或は長い生涯にわたってさえ考えぬいて方針を定《さだ》むべきであります。そして一旦《いったん》こうと定《き》めた以上は、一日一日を緊張して努力する——その意味での『今日主義』であれというのです。

緊張とは、例えて言えば、弓を満月のように引きしぼって、矢のまさに発しようとするときの姿です。少しのたるみがなく、一寸《ちょっと》の隙《すき》もありません。こういう態度を以《もっ》て一生懸命に働く。働き終って休息の時が来たならば、今まで働いた人とは別の世界の人のように、一切を忘れて休むなり遊ぶなりするのです。こうして行くうちに、事業などに潮の引きさしと同じく、振不振《しんふしん》がありましょうが、少しもこれに動ずることなく、固い信念を以《もっ》て一日一日の緊張をつづけてゆくこと、シベリアを通るときの福島中佐のようでなければなりません。

然《しか》るに、世間から才子《さいし》と呼ばれ、当人もそれを誇っているような人は、すこし具合が面白くなくなると、先きが心配になって一日一日の緊張がとても堪《た》えられなくなり、その結果は中途で挫《くじ》けてしまいます。つまり才気があるために将来を考え、勝手に見透《みとお》しをつけるからです。山を登るとき、こんなに嶮《けわ》しくては、とても登り通せるものではない、労《ろう》して効《こう》のない事は早く見きりをつけるに限るとさっさと下《くだ》ってしまうと同じです。しかし世間から鈍物《どんぶつ》のように視《み》られている人は、見透しなどという器用《きよう》な真似《まね》ができないので、一歩一歩足を踏《ふ》みしめて登って行くだけですが、そういう態度の前には、これを遮《さえぎ》る何物もなく、やがて頂上に登りついて、目的を達成した喜びを味うことができます。

ある病院長の話を聞きますと、病人のうち一番の困りものは医者だそうです。それはこういう症状は、こういう病気の特徴で、こんな風《ふう》に悪化していくものだと、病気よりも自分の方が先きくぐりして、悪い方へ悪い方へと心配して行くので大抵《たいてい》その通り悪くなってしまう、これが一番困ると、つくづく嘆声《たんせい》を発《はっ》して居られました。『今』を忘れて、役にもたたない『明日』のことばかり考えていますと、自分の尊い生命《いのち》までも失うことになるのです。それを知ったら、誰しも私の『今日主義』を成程《なるほど》と肯《うなず》かずにいられないことと思います。

一切《いっさい》の物に代価《だいか》を払え

◇安田《やすだ》翁《おう》の茶代

安田善次郎《ぜんじろう》翁（先代）が、曾《かつ》て一人の秘書を連れて田舎《いなか》へ行った時のことですが、とある掛茶屋《かけぢゃや》に休み、そこを出るとき、茶代を五銭《せん》置くよう秘書に命じました。それから余程《よほど》行って、また同じような掛茶屋に休みましたので、秘書は前の通り、茶代を置こうとすると、翁は

「今度は五銭ではいけない、十銭置くのだ。」

と命じました。

『気紛《きまぐ》れ』というものを有《も》っていない安田翁のことですから、この茶代の区別には何か意味があるに違いないと思った秘書は、その晩、宿についてから尋《たず》ねて見ます

と、翁は、
「前の茶屋は、出流《でなが》れの茶だったが、後のは、新しくいれかえて出した。五銭と十銭の差は、はっきりしているではないか。」
と説明されたということでした。
日本で三四番に数えられる大富豪でありながら、五銭十銭のことに気をつかうとは、何というけちな量見《りょうけん》だろうなどと嘲《あざけ》る人が、もしあったら、地下の翁は、呆《あき》れてただ苦笑するだけでしょう。なぜかといえば、翁はどんな物でも代価は正当に払わねばならぬ――

という信念から、この二通りの茶代となったからであります。

◇恐ろしい乞食根性《こじきこんじょう》

米をとるには八十八遍《へん》の手数がかかるので、『米』と書くのだといいますが、この世の中にある一切《いっさい》は、皆それ相当の努力の現われでないものはありません。だから、これを得ようとするには、それに適《ふさ》わしい価《あたい》を払うことは当然すぎるほど当然であります。十銭の価値あるお茶に対して五銭より置かなかったなら、残りの五銭を、無償《ただ》で得たことになります。即《すなわ》ち五銭という価《あたい》の物を盗んだといってもいいことになりましょう。

代価を払わずに物を得て喜ぶような人は、立身出世《りっしんしゅっせ》ということには縁《えん》がないものと諦《あきら》めなければなりません。これは『天地《てんち》の大法則《だいほうそく》』であります。その証拠には、乞食が蔵《くら》を建てた話を聞いた人は曾《かつ》てなかろうと思います。

凡《およ》そ世の中で、物の代価を払わない親玉《おやだま》は乞食でしょう。彼等《かれら》の日々の仕事は、ただで物を得ること以外に何もありません。それほどに堕落《だらく》しながら、三日乞食すれば一生やめられない、などと放言しますが、それはやめられない筈です。物の代価を払おうとしない心掛けのものは、一生乞食の境涯《きょうがい》から脱《ぬ》け出ることを許されないからであります。

が、人の心の奥には、どうかすると乞食根性という恐ろしい悪魔が影をひそめて住まっています。手近な例をいえば、友人と映画を見に行った時、友人が切符《きっぷ》を買ってくれ、或は電車に乗った時、友人が切符を一枚くれたとします。この際、その好意を感謝し、次の機会には自分が買ってやって、今日の償《つぐな》いをしようという考えがあるなら宜《よろ》しいが、もし

「今日はただで映画が見られてよかった。」

「今日はただで電車へ乗れてうまいことをした。」

というような乞食根性を起す人なら、その将来は駄目《だめ》だと、はっきり言い切られます。ただで物を得たことのみを喜んで、友人の好意に酬《むく》いる気持のないような浅《あさ》

ましい量見《りょうけん》なら、世の中へ立って行かれるものでありません。

こうなると、安田翁の茶代の話はいよいよ尊《とうと》く響《ひび》いて来ます。私たちは、安田翁の心がまえの幾分《いくぶん》なりとも有《も》っているでしょうか。或《あるい》は切符一枚もらって喜ぶような量見がありはしないでしょうか。これは大事なことです。お互《たが》いに胸の底をそっと覗《のぞ》いて見なければなりますまい。

◇失敗した新年宴会

無代価《むだいか》で物を得ようとするのが間違いであると共に、無代価で物を与えるのも、亦《また》大きな間違いであります。

禁酒宣伝などに力を入れている或る宗教団体の人の話によりますと、さまざまのパンフレット類を無料で頒布《はんぷ》して来ましたが、殆《ほとん》ど効果がなかったことを、長い間の経験によって覚《さと》ったので、この頃は、一銭《せん》でも二銭でも印刷の実費は必ずとることにしたそうであります。いくら少額であっても価《あたい》を払って得たものは、これは我が物であるという自覚から、どうしても読まずにはいられなくなるものだと聞きました。

道具類なども矢張《やは》りそうだと思います。ただで貰《もら》ったとなると、それが相当立派な品であろうとも、価《あたい》を払ったものよりどうしても粗末《そまつ》にしがちであります。価を払ったことによって、その品に対する関心が深まり、堅《かた》い心のつながりが出来るのですが、価を払わないものは、そうは行き難《がた》いからであります。

こんな実例もあります。

ある組合の新年宴会で、年一度の目出度《めでた》い集りだから、幹部で費用を負担《ふたん》しようということになり、『会費不要』と特記して招待状を出しました。すると、七十余人の全員、欣然《きんぜん》としてやって来るものと思いの外、漸《ようや》く四十人しか寄りません。その上、酒が出ても一向《いっこう》はずまず、妙《みょう》に沈《しず》んでしまって、面白くも何ともなかったということでした。

なぜそんなことになったかといえば、それは会費をとらなかったためでありました。

会費が要《い》らないので、その会合と集まる人との間に、堅《かた》いつながりが欠けた為め、はずんで会に行く気になれなかったし、又、会費を出さないので、お客に招《よ》ばれたような感じがして、自分たちの会だという気持の張《は》りがなかったのだろうと思います。

以上の話には、勿論それぞれ例外がありましょう。私はただ、人の心のうごきは、こんな微妙なものであることを知って貰いたいのであります。

◇勧業債券《かんぎょうさいけん》が当って

ある懇意《こんい》な未亡人が、急に相談をねがいたいと言って来ましたので、来意《らいい》を聞くと、次のような話をされました。

「実は今度、勧業債券が当りました。別段何という意味もなく、十円券を十枚買って置きましたが、その一枚が三千円に当ったのです。当って見ると恐ろしくなりま

した。それは子供たちがひどく喜んで大へんなはしゃぎ方なのです。こんなことから僥倖《ぎょうこう》をねがうような心持ちになられたら何《ど》うしましょう。主人の居るときなら抑《おさ》えても行かれましょうが、女の私では何《ど》うにもならないようになりはしないかと、いろいろ心配になりますので、これはいっそ公益の事業にそっくり献金した方がよかろうと決心しまして、御相談にあがったのでございます。」

私は、立派なこの言葉にふかく感心し、

「それなら、お考え通り公益事業とか慈善の方面などに献金されたらよいでしょう。」

と申しました。これは本当にその金を活《い》かし、子供たちに間違った考えを起こさせずに済むからであります。

勧業債券の制度については彼《か》れこれ言いませんが、しかし五の価を払って五の物を得るのは当然でありますが、五の価で五十とか百とかの物を得ようとするのは、僥倖《ぎょうこう》を求める恐ろしい心であります。私たちの生活は分時《ふんじ》も緊張を欠くことなく、積極的の気持でひた押しに押して行くべきですが、一度この僥倖――労《ろう》しないで偶然の幸いを得ようという間違った心を起しては、もう緊張も積極もあったものではありません。棚《たな》からぼた餅《もち》の落ちてくるのを待っているようになっては、人間の堕《だ》落《らく》であります。

◇国家に払う当然の代価

私たちがこうして何の不安もなく生活できるのは、国家の行届《ゆきとど》いた保護の下にあればこそです。世界のどこを見渡しても、日本のようなよい国がないのですから、この国に生まれたことの幸福を感謝し、その幸福に対する当然の代価は喜んで払うべきであります。

当然の代価とは、即ち税金であります。国民の――或は市民の、町村民の――幸福のために施設《しせつ》される一切《いっさい》のことは、この税金あって始めて出来るのですから、税金は督促など受けるまでもなく、進んで払わなければなりません。田舎《いなか》の掛茶屋《かけぢゃや》の茶代でも、その代価は正しく払うべきものなのですから、国家から受ける大きな恩恵への代価を惜しむようなことは、もちろん許されるものではないのです。そんな人は、成功どころか、いつとはなしに世の中の下積みにされてしまいます。よし様々《さまざま》の方法を用いて、税金をごまかしても、そんなことで残した金は、決して身についているものでなく、必ず煙のように消えてしまいます。

金は当然払うべき場合には、惜《お》しみ心を出さずに進んで払う――、そういう人には金の方から喜んで廻《まわ》って来る――、これが富《とみ》を積《つ》む本当の秘訣であります。この事はいつか詳しくお話したいと思っております。

しかし、一方国家の側《がわ》でも、国民の義務という名の下に、過当《かとう》の税金をとるようなことは許されないのですが、また官庁や、会社や、商店なぞで、そこに働いている人たちの働きに対する代価としての給料は適当に払わなければならないのも勿論《もちろん》であります。

いつか関西に旅行して、ある宿に泊った時、女中たちが隣りの室《へや》で掃除の手を休めての雑談に、

「また今度も、うちのお神《かみ》は着古《きふる》しの、くたぶれたものを呉《く》れさらした。どこまでけちんぼうなのか分らない。こんなうちにいて病気でもしたら、身銭《みぜに》をきって治《なお》さなければならないから、あんまり一生懸命働かないこった。働いたからというて、働きばえがしないからな。」

というようなことを、喋《しゃべ》りあっていました。

働く人に対する正しい代価を払わないために、「働いたからとて働き栄《ば》えがせぬ。」

という心を起さしてはなりません。私はこの女中たちの話に浅からぬ感銘を覚えました。

いかなる方面からいっても、正しく代価を払う心がまえの、いかに大事であるかを、痛感させられるのであります。

すべてを生かし働かす

◇一枚の原稿紙から

金はどんな少額でも粗末《そまつ》にしてはいけないと、人はよく言います。併《しか》し大事にすべきものは、金ばかりでなく、一枚の紙でも一杯の水でも同じことであります。

いつかも『日の出』の編輯《へんしゅう》会議のとき、原稿紙一枚を軽んじない心構えであって、始めてこの雑誌の編輯を完全に立派に、やって退《の》けることができるという話をしました。しかし、それは単に倹約するという意味から、もの惜しみをするのだと思ったら、大へんな誤解であって、原稿紙その物を尊重し、その物の有《も》つところのいのちを活《い》かすためであります。

原稿紙が、そのいのちを献《ささ》げてくれるお蔭で原稿が書け、編輯ができるのだという感謝の心持から、紙一枚でも敬《うやま》い尊《とうと》ばなければならないのだ――と、社員たちに話したのであります。

ある地方の新聞社が社運ひどく衰《おとろ》えて、どうにもならなくなった時、私の知人が主幹《しゅかん》に聘《へい》せられて行きました。あんな社に行くなどは少し無謀《むぼう》ではないかと心配しましたが、その男が社運挽回《ばんかい》の妙策《みょうさく》として掲《かか》げたものは『物を粗末《そまつ》にするな！』という標語でありました。そしてまず第一に、これまで用いていたばかに大きい原稿紙を、ぐっと小さくしました。貧乏《びんぼう》新聞のくせにこんな贅沢《ぜいたく》な原稿紙などは冥利《みょうり》がよくないといって、改《あらた》めたのであります。

小さなことのようですが、この調子ですべてに及ぼして行ったなら、社業の建て直しは大丈夫だと、遙《はる》かに喜んだのですが、果《はた》してこの期待は遠からず実現されました。

◇尊い一杯の水

男爵石黒忠悳翁《だんしゃくいしぐろただのりおう》（元枢密顧問官《すうみつこもんかん》）が、途《みち》でいたずら小僧が水道の水などを無駄《むだ》につかっているのを見ると、わざわざ車からおりて懇々《こんこんと》説きかすということを、曾《かつ》て何かの雑誌で読んだ記憶があります。水道の水が長い長い道中を辿《たど》って、われわれの口に入るまでには、多くの人の労力と少なからぬ費用とがかかっている、大事な尊い用途《つかいみち》のあるものを遊び半分、無駄に流してしまうのを見ては、篤《とく》実《じつ》な石黒翁として黙《だま》っていられなかったのは当然であります。

越前永平寺《えちぜんえいへいじ》の門前《もんぜん》の川にかかっている橋を半杓橋《はんしゃくばし》といいます。同寺を開かれた道元禅師《どうげんぜんじ》が毎朝この橋の上から、杓《しゃく》で川の水を汲《く》んで顔を洗うとき、半杓だけで用をすまし、残る半杓は川へかえされたというので、この橋の名があるのだそうです。橋の名に残るくらいですから、ものを粗末《そまつ》にしない高僧の心掛が、どんなに、その当時の人に感化を及ぼしたかが想像されましょう。

又、由利滴水禅師《ゆりてきすいぜんじ》が雲水《うんすい》のころ、師匠《ししょう》が朝、顔を洗ってしまわれたので、水を空《あ》けようとすると、師匠は、その水を犬死させないで植木にかけてやれ、木もよろこび、水も活《い》きて働くのだと言われました。禅師はこの言葉に深い感銘を受け、一生これを忘れぬために滴水《てきすい》と名乗られたのだと聞いております。

世の中のどんなものでも、人のために現わされていないものはありません。人はそれ等の一切《いっさい》を正しく利用し、生かし得るだけ生かして働かすことが大事であります。それはもちろん微細《びさい》なものに限るという意味ではなく、人が多くの注意を払わないようなものでも自分のために存在していることをはっきり覚《さと》って、その恩恵《おんけい》に感謝し、そして完全に活かして働かす心構えが肝腎《かんじん》だというのであります。

米国ボストン市のある富豪のところへ、慈善事業のために、金の寄附《きふ》を乞《こ》いに行った人があります、折《おり》から主人は支配人に向って、

「半枚の糊《のり》をつかって済《す》むところを、なぜ一枚つかったのか？」

といって叱《しか》っている最中《さいちゅう》だったので、これはわるいところへ来あわせた。この分では、とても金は出まいと思ったが、それでも折角《せっかく》来たのだから、せめて来意《らいい》だけでも告《つ》げて帰ろうと思いかえし、その慈善事業の趣意《しゅい》を話しますと、主人は快《こころよ》く一千ドルを出してくれました。

金を貰《もら》いに行った人は、あまり意外だったので喫驚《びっくり》して、主人の顔を見つめました。すると、様子を見てとった主人は、

「私は、平生《へいぜい》半枚の糊でも粗末《そまつ》にしないほど倹約《けんやく》していますから、こうして寄附することが出来るのです。」

と言ったそうです。五銭十銭の茶代をやかましく言う安田翁が、東京帝大《ていだい》の大講堂を独力で寄附したことも思いあわされて、まことに床《ゆか》しい話であります。

こういう人は、どんな小さなものでも、そのものの有《も》ついいのちを尊《たっと》び、それを十分に働かさなければ、天のこころに背《そむ》くという信念の下《もと》にやっているのですから、小事大事《しょうじだいじ》みな成功するのであります。

◇金原翁の感謝生活

金原明善翁《きんばらめいぜんおう》は、九十余年の生涯を挙《あ》げて公共のためにつくした実業家で、特に明治天皇の拝謁《はいえつ》を賜《たま》わったほどの人であります。その徳行《とっこう》の多いなかに、どんな物でも無駄《むだ》にせず、たとえ、新聞紙一枚でも路に落ちていると、拾ってかえり、小さな活字のところで状袋《じょうぶくろ》を貼《は》り、外《ほか》の部分は手習《てなら》い用にしたそうですが、その心掛けは学ぶべきものだと思います。（注　金原明善P.76）

また翁は、いつも人に向って、

「物に親切な人は人間にも親切である。物を大切にする人は、必ず人間をも大切にする。夜具《やぐ》や下駄《げた》は、ものは言わないが、もし言葉があれば、屹度《きっと》不平を言うにちがいない。物に対して感謝する心もちを持ちつづけるのが肝《かん》腎《じん》である。」

と言いました。

翁《おう》は一足《いっそく》二十銭の朴歯《ほおば》の下駄《げた》を買って、三年間というもの穿《は》き通しました。晴雨《せいう》とも朴歯一点ばりで、車にものらず、歯がちびれると入れかえ、鼻緒《はなお》がいたむと継《つ》ぎ替《か》え、穿けるだけは穿い

て、もうどうにもならなくなったとき、その下駄をきれいに洗って自分の居間の縁《えん》へあげ、まるで人にものを言うように、

「さておまえにもずいぶん世話になった。もうこれ以上働けまいから、お別れとしよう。長いこと有り難かった。」

と言って、庭樹《にわき》の下へ埋《う》めてやるのでした。

それは下駄ばかりでなく、万事《ばんじ》がその通りで、手拭《てぬぐい》でも一筋《すじ》を一二年の間は使い、端《はし》がよごれると中央から切って両端をつぎあわせ、また暫《しばら》くそれを使用し、もう手拭として使うことができなくなると、雑巾《ぞうきん》に下《おろ》すのですが、その雑巾にも役に立たなくなると、

「おまえにも、ながながお世話になった。有り難かった。」

と、やはり下駄に対するように一応の礼を言ってから始末《しまつ》するのでした。

こういう心もちの人には、一切のものが、神仏《かみほとけ》となって守ってくれるでしょう。

それは神仏に仕《つか》える心とおなじであるからです。

ことに面白くもあり、感心もさせられるのは、翁が朝、床《とこ》をあげる時に、
「さて昨夜《ゆうべ》はおまえのお蔭で、寒い目にあわずにすみました。もし、お前がいてくれなかったら、私は風邪を引いてしまったことだろうに、まことに有り難うございます。」

というのです。こんな風《ふう》に心の底から感謝するのは、もののいのちを尊び、これを人格的にあつかうのであって、翁があの立派な事業を成就することの出来たのは、成程と肯《うなず》けるものがあるのであります。

◇物のはたらきを殺すな

しかるに世の中には、この、物を活《い》かすということの意義を全く知らないため、無暗《むやみ》に買い蓄《た》めたり、または、しまい込んでしまって居るような人が少くないのであります。

たとえば、婦人の中に、その時々の流行に応じて着物や帯などを新調はするが、

さて出来あがって見ると、それを着るのは勿体《もったい》ないような気がして、箪笥《たんす》のなかにしまい込んで置きます。久しぶりで着たくなり箪笥から出して見ますと、もう流行遅れになってしまったというような話は、しばしば聞くところでありますが、これなどは物の生命を奪《うば》い、人のために現わされたもののはたらきを殺してしまったのであります。着るために新調したものなら、何の惜み心を出さずに、さっさと着てしまわなければならない筈です。

又、読みもしない書籍を新刊毎《ごと》に買い求め、それを麗々《れいれい》しく棚へ列《なら》べたてて、書斎の飾りにする人もありますが、読んでもらうためにこの世に現わされた書籍は、書棚のなかで、さぞ愚痴《ぐち》をこぼしていることだろうと思います。そういうものは図書館に寄附するとか、その他の方法で人の眼に触《ふ》れさせる途《みち》を講《こう》じなかったら、これもまた、物のはたらきを殺し、その物の使命を奪《うば》うことになります。これらは大きな心得違いであると言わなければなりません。

以上、私の述べて来たことは、物惜しみをせよというのではなく、また単に倹約をせよというのでもないことは、最早《もはや》お分りになったと思います。本当に金を儲《もう》けようとするならば、先《ま》ず一銭の金をはたらかせることを心掛けよ——という言葉から、大きな仕事をなし、立派な人格を成就《じょうじゅ》し得《う》る道を悟《さと》っていただきたいのであります。

金原明善　一八三二〜一九二三　静岡県生。広く公益事業に尽した。天竜川の治水工事には自家の産を傾け三十二年の長年月を費して竣成。

働くことの喜び

◇仏《ほとけ》のすがた

釈迦《しゃか》は、一本の木の影も見られないような荒漠《こうばく》たる砂道を、静かに歩いていられます。

白熱の夏の陽《ひ》は、ぎらぎらと砂道を照らして、釈迦の顔も、弟子たちの顔も、その照りかえしで燃えるようです。

すると向うから体にあまるほどの重い荷を背中一杯に背負《しょ》った一頭の象が、汗を滝のように流しながら、砂けむりを上げてやって来ました。

これを見ると釈迦は、道の傍《はた》にさがって平伏《へいふく》し、遠くに行ってしまうまで頭を上げられませんでした。

弟子たちは不思議に思いました。そしてどんなに考えても訳がわからないので、その晩、釈迦に尋ねました。

「今日、どうして象をお拝《おが》みなされましたか。」

「いや、わしは象などを拝んだ覚えはない。」

「でも、お供《とも》をして参ります途中で、確かにお拝みになったのですが。」

不審そうな顔を見合わせて、弟子たちは重ねてそう申しました。すると釈迦はニッコリ笑われて、

「アアあれか、あれは象を拝んだので

はない。仏を拝んだのじゃ。あの炎天《えんてん》の下で、あれだけ重い荷物を背負《しょ》って、少しも不足らしい顔をしていなかったではないか。あの姿、あの心が仏なのじゃ。」と、諭《さと》されました。

◇なぜ働くことが尊いか

働くことは尊い。何の不足心《ごころ》なく、喜んで働くことは実に尊い。そういう働く姿のうちに、釈迦は光明輝く仏を見たのであります。これは、仏典《ぶってん》にある話ですが、誰しもその中に寓《ぐう》してある深い意味に打たれることと思います。

厳寒《げんかん》の冬の夜更《よふけ》に、酷熱《こくねつ》の夏の日中《ひなか》に、電車線路などの上を、五人十人の工夫《こうふ》たちが鶴嘴《つるはし》を揃《そろ》えて働く姿――、何の不平不満もなさそうに、元気一杯にふるまう様《さま》を見ると、自然に頭が下ります。こういう写真がよく新聞や雑誌に出ますが、どんな怠《なま》け者でも、これを見たなら、強い刺激《しげき》を感じて奮《ふる》い起《た》つ気になるに相違ありません。

なぜそうかといえば、世のため人のためにと努力することが尊いのであります。つまり、農夫が鍬《くわ》をとるのも、商人が算盤《そろばん》をはじくのも、理髪師が鋏《はさみ》を動かすのも、印刷工が機械を廻《まわ》すのも、みな世のため人のためになれよと、天から与えられた仕事であります。

元来、この世の中というものは、時計のような有機体であって、ゼンマイ、針、車、いろいろのものが集まり、一箇の時計を組み立てて、『時を報《ほう》ずる』ところの生きた仕事をするのであります。私たちも世の中という大時計の一部分であり、小さい一つのことをするに過ぎなくても、それがもしなかったら、時計全体は止まってしまって、時を報ずる仕事ができなくなるように、社会の働きは完全にゆかないのであります。これを思うと、働くということは、どんなに大きな意義があるか、はかり知れない気がします。

人が真剣になって働いていると、やがて地位、名誉、財産、その他いろいろ仕事をするに都合のよいものを天から賜わるのであります。併《しか》しそれは仕事という幹《みき》に咲いた花であることを知らねばなりません。この花のみを、即ち報酬《ほうしゅう》のみを目あてに仕事をする人もありますが、そういうのはたとい得られても仇花《あだばな》で、はかなく散り失《う》せてしまいます。ところが、報酬などには目もくれず、まこと一つで働いた人は、いつまで経ってもこの花が散りません。やがて実がなり、更《さら》に花が咲き、また実《み》もなるという幸いが湧《わ》いてまいります。

ロンドンに三代の家なしと言われ、日本でも『売家《うりいえ》と唐様《からよう》で書く三代目《さんだいめ》』という川柳もありますが、恐らく第一代目は仕事に没頭《ぼっとう》して、まことを積み重ねても、二代目三代目は、その花のみを愛《め》でて、幹を培《つちか》うことを忘れたからでありましょう。

銀座は東京の豪華版といわれていますが、ここも浮き沈みは烈《はげ》しく、四十年五十年とつづいている店は多くないそうですが、その中で、事業が年と共に盛んになり、日本第一の時計店となったものは服部商店であります。店主の故服部金太郎《はっとりきんたろう》氏は、若い頃、ある商店に奉公《ほうこう》していましたが、その店が破産しかかった時、長い間、給金《きゅうきん》のあまりを貯《たくわ》えていたものを、全部主人の前に出して、

「これはお店から戴《いただ》いた給金の残りですから、自分で勝手につかってはいけないと、ふだんから思っていたものです。それが、お店の御用《ごよう》に立てさして戴いたら、私としてこの上の喜びはございません。」

と言ったそうです。何という美しい心掛けでありましょう。これから推《お》して、平生《へいぜい》、主人に仕《つか》えて、どんなにまことをつくしたか、報酬など更《さら》に眼中《がんちゅう》になく仕事大事に働きぬいたことは想像されます。銀座を通って、あの堂々たる服部時計店の大《おお》建物《だてもの》を見ますと、この話が思いだされて、大成功者には、それに適《ふさ》わしい大きなまことがあるのだということを痛感させられるのであります。

◇仕事を喜ぶ人・喜ばぬ人

仕事を喜ぶ人は、仕事を自由に使いこなしますが、報酬本位の人は、仕事にこき使われなければなりません。

仕事を喜ぶ人の働きぶりは、見ていても実に気持のよいものです。まず会社員ならば、どんなに仕事を追っかけ引っかけ背負《しょ》わされても、不平不満の色などは露ほども表わさず、黙って働き、さっさと捌《さば》いてしまい、お昼のベルが鳴ってはじめて食事時間かと気がつき、夕方のベルで、おやおやもう退社時間だと微笑むといった状態です。よし仕事が余ったからといって、あせりも急ぎもせず、今日の勤めはこれで終ったのだと、朗《ほが》らかに家路に向って行きます。真剣に働く人のみ味われる、仕事をなし得たという快感、自らの力を信じ、それを尽し得たという喜び、これは到底、金銭で換《か》えがたいものであります。

ところが仕事を第二に置く人の一日は何というみじめさでしょう。自分から、はずんで仕事をするのではなく、仕事に追い使われ通しなので、必ず早く疲れてしまいます。だから一日の勤務時間を持てあまし、終業間際《まぎわ》になるとホッとして、自分の体《からだ》をとり戻した気持ちになるのです。

先日或る会社の人の話に、時々社員の『時間《タイム》カード』をしらべて見ると、四時の退社時間なのに、三時五十八分とか五十九分とかに帰る人があるそうです。こうい

う人は、朝から時間を持てあまして時計と睨《にら》めっくらをしていたに違いなく、やっと退社時間に近づくと、僅《わず》か五分十分がどうにも長くて待ちきれず、きまった時間の一二分前に、あたふたと帰っていくのであります。

　こういう人は、会社にいるうちは、憂鬱《ゆううつ》で、神経がいらいらして、一日じゅう何物にか体を抑《おさ》えつけられるようだったのが、いよいよ会社の玄関から戸外《そと》に出ると俄《にわ》かに元気をとりかえし、誰かに突きあたって議論の一つもしたくなり、家《うち》に帰ると、罪もない妻君を、怒鳴《どな》りちらしたりするものです。

妻君の前で途方《とほう》もなく威張《いば》ったりする人は、大抵《たいてい》、目上の人の前で一日小さくなっていた鬱憤《うっぷん》を弱いものに晴らそうとするので、結局、仕事を喜ばない部類に編入《へんにゅう》される人、即ち、あまり前途に望みのない人と思えば間違いありません。

大きな会社などで社員の移動があると、よく不平の声が聞えて来ます。例えば、永い間会計係をやって、会社の生き字引とも称されている人が、突然慣れない庶務《しょむ》に廻《まわ》され、その上、俸給《ほうきゅう》がいくらか減額でもされると、盛んに不平を起して自棄気《やけぎ》味《み》になったりする人が珍らしくないようですが、やはり本当の働く喜びを知らないからであります。右のような場合、大抵の人は、それを地位が下ったものと思うのですが、実はそうではなくて、天がこの人を大成せしめるために、新しい世界を与えてくれたのであります。

もし生涯を会計係で終るようなことがあったら、算盤《そろばん》の化物《ばけもの》になってしまうかも知れないのです。それを別の位置に就《つ》かせて貰《もら》ったのは、仕事の範囲が拡《ひろ》がり世の中への見聞《けんぶん》が新しくなり、従ってその内容が豊かになることである以上、好運の神に見舞われたものとして、寧《むし》ろ大いに祝福しなければなりません。俸給がいくらか減額されたのは、新しい仕事を覚えさして貰うための月謝だと思えば、気にすることなく、いよいよ喜んで働ける筈であります。

この稿《こう》を終るにあたり、私は鹽原《しおばら》多助《たすけ》の言葉を記《しる》します。それは「貧乏で困るなどという心をやめにして、ただ、無茶苦茶に天地に御奉公《ごほうこう》をして居《お》りさえすれば、天運で自然に金ができ、天がそれだけ楽をさせてくれるのだ。」というのであります。働くことは人間相手でなく、天を相手にするのだからと、真に己《おの》れを空《むな》しゅうして働く人を見ますと、釈迦が象を拝んだ、あの有り難い気持がしみじみと胸に迫《せま》ってまいります。喜んで働き得《う》る人のみが、人生の真の幸福を恵まれることを知らねばなりません。

人生の事みな試験

◇男に好かれる男

浅草にK氏という知人が居《お》ります。手広く商売をして、店は相当大きく、倉庫は二棟《むね》もありました。それが、去年の春火事に会ったのですが、火元に近く、而《しか》も夜中の風がつよかったため、店は勿論《もちろん》、倉庫も忽《たちま》ちのうちに落ちてしまい、何一つ品物を出すひまがなく、家族と共に、命からがら逃げ出したということでした。

私は朝になってから聞いてびっくりし、飛んで行って見ると、一町ばかり先きの空き家に、一家親族、出入りのものまで大勢集まっていましたが、驚いたことには、酒宴《さかもり》をしているのです。K氏はもう可《か》なり酔《よ》って、いかにも面白そうにみんなと一緒に騒いでいました。

私は、これほどの男も、大きな打撃にぶちのめされて、頭がどうかなってしまったのであろう、気の毒なものだと、暗然《あんぜん》とした気持でいますと、K氏はとても朗《ほがら》かに、

「よく来てくれました。まあ上って一杯飲んで下さい。」

と、盃《さかずき》をさされ、

「自棄《やけ》になって、こんな真似《まね》をしているのでないから、心配しないで下さい。私は毎日毎日の出来事は、みな試験だ、天の試練《しれん》だと覚悟しているので、不平などは起さないことに決めています。

今度は御覧のとおりの丸焼けで、保険金もほんの少しよりなく、一つ間違えば乞食《こじき》になるところです。しかし、これが試験だとおもうと、元気が体中《からだじゅう》から湧《わ》いてきます。是非この大きな試験にパスする決心で、前祝いをやっているのですから、あなたも、つきあいにうんと飲んでください。」

というのです。

私はK氏を、前から大きく買っていましたけれど、これほど腹が据《すわ》っていようとは、知りませんでした。こういう人のすさまじい面魂《つらだましい》は、男の心を牽《ひ》きつけずに措《お》きません。果《はた》して、問屋筋《とんやすじ》の人たちは、

「あれは、とてもえらい男だ、再興疑《さいこう》いない。」

と、すっかり惚《ほ》れこんでしまい、品物はどしどし無担保で供給するし、建築資金まで、進んで融通《ゆうずう》してくれました。

それで焼土《やけつち》の臭《にお》いのまだ消えないうちに、町内に率先《そっせん》して店をあけましたが、仮《かり》普請《ぶしん》とは云《い》え、品物は潤沢《じゅんたく》だし、店飾りは立派だし、まったく以前にまさる景気で、

間もなく、すっかり盛りかえすことができました。
彼は、実にその大きな試験というものに見事パスしたのであります。

◇『雁《がん》去《さ》って潭《たん》に影《かげ》なし』

彼のやり方を傍《はた》から見て居りますと、どこに、そんな素晴しい勇気を有《も》っていたのかと不思議におもわれるほどです。はげしい風が吹いて、つよい草が分るように、彼は、人生の大不幸《だいふこう》に会って、はじめて文字どおりの勇者であることを認めさせたのであります。私は彼を、『街の英雄』と呼んでやりたい気がします。火事にあって発狂したり、行方不明になったり、商売が駄目《だめ》になったり、悲惨《ひさん》な末路《まつろ》に陥《おちい》ったりした人が世間に多いのを見るにつけ、彼は実際えらい男だとつくづく思わずにいられません。ここで読者諸氏は、どうすればそういう勇気が出るのか――を知ろうとされるでしょう。勇気とは、どんなことに対しても、ビクつかぬ不動の精神に外《ほか》なりませんが、それは、常に平静の心を保つことによってのみ得られるのであります。

平静の心を保つには、自分の眼の前を過ぎて行った出来事の一切《いっさい》に対して少しも囚《とら》われないことです。風が吹き、雨が降り、雪が積る。みな人間業《わざ》でない以上、かれこれ文句を言っても仕方《しかた》がないと同じで、すでに過ぎ去ってどうにもならないことに対し、有頂天《うちょうてん》になって喜んだり、愚痴《ぐち》の百万遍《べん》を列《なら》べたりして、心がふわふわと動揺《どうよう》するような人が、不動の精神から湧《わ》く勇気を欲しがるなどは、滑稽《こっけい》の限りであります。

古語に、

『雁《がん》、寒潭《かんたん》を渡る。雁《がん》去って、潭《たん》に影を留《とど》めず。』

とあります。雁が澄みきった水の上を飛んで来ると、その影が水にうつりますが、去ってしまった後は、もうその影の見られないことは当然であるのに、いつまでもその影をつかまえて置こうとあせる。例えば、腹のたつことや、心配になることがあっても、その事がもはや過ぎ去ってしまったら、からッと気持をかえて朗《ほが》かになるべき筈なのに、いつまでも雁の影を留めようとする如く、思いなやんで愚痴《ぐち》をこぼします。

「あの時、ああすれば屹度《きっと》うまく行ったのに、どうしてそこに気がつかなかったのか。」

「お前があんなことをいったから、ついその気になって、とんだことになってしまった。」

などと言いたてて、すこしの風にも波のたつような心では、悪いものは一層《いっそう》悪くなり、失敗は更《さら》に失敗を呼びます。またK氏に例をとりますが、氏は焼けてしまった以上、どうにもなるものでない、これこそ天の試練《しれん》だと、直《ただ》ちに復興の仕事にかかり、火事などまるっきり忘れてしまったように働いたからこそ、災難に押しつぶされることなく、その災難によって一段と緊張し、向上の階段をのぼり得られたのであります。今日《こんにち》世間で相当の地位にある人は、みな烈《はげ》しい人生の波瀾《はらん》を経《へ》て居りますが、失敗の度ごとに、その失敗を土台として飛躍し得たことは、なるほど当然だと肯《うなず》かれます。

むつかしいことではありますが、雁の来るのもよく、去らば去るに任せよう。こういう少しもこだわらない平静《へいせい》な心――この心を養い得たなら、人生のどんな試験も楽々とパスすること、もとより疑いを要しません。

◇試験ほど有難いものはない

私は更《さら》に、人生の試験にパスしようと懸命に努力しつつある一青年について、お話することにします。

知人の息子で、先年大学を出て或る会社に奉職《ほうしょく》したばかりの青年があります。昨年、妻を迎えたのですが、しばらくすると、その母なる人が来て、しきりに嫁《よめ》さんの欠点をならべ立て、言わば天にも地にもかけがえのない大切な伜《せがれ》に、無類の悪妻を貰《もら》ったようなことを言われます。私も捨て置き兼《か》ねることなので、一晩その青年を呼び、母親の心配を伝えて嫁さんの様子を聞きますと、その答は実に次のようなものでありました。

×　×　×

「母が、そんなことを申しましたか。なるほどそういわれれば、相当の欠点は有《も》って居ります。しかし、凡《およ》そ誰でも欠点のないものはありますまい。完全な人間を求めるのが、むしろ無理だと言ってもよいでしょう。ああいう欠点のあるものと始終《しじゅう》一緒《いっしょ》にいて、それにどう処《しょ》していくかということに心をくだくのを、私は人生の一つの修業だと思っています。

父の力と、母の情のおかげで、今日まで世間の波風というものを知らずに暮してまいりましたが、これで世の中が過せるものなら、あんまり勿体《もったい》なさ過ぎると思います。苦労は身の薬と聞いて居りますが、求めて得られるものではありません。家内があいう性質であるために、私が朝夕心を鍛《きた》えるのが、何よりも薬《くすり》になります。あれは私自身を磨《みが》く砥石《といし》なのです。

もし家内にあの欠点がなくて、この上楽が出来ましたら末が恐ろしくなります。

私は学校にいる頃、人の厭《いや》がる試験が一番の楽しみでした。自分のようなものを試験して下さる、この試験があればこそ、忘れてしまう筈《はず》の学科も覚え直してわが物となり、だらける体も引き締《しま》るし、自分の頭はどんな長所があるか、又欠点があるかも知らして貰《もら》える。試験ほど有難いものはないと思いました。」

◇対手《あいて》の美点を拾う

青年の言葉は更《さら》に続きます。

「学校の試験は、こんな調子で済みましたが、いよいよ世の中へ出て見ると、やはり試験が私を待ち構《かま》えていました。それは『家内《かない》』であります。そこで私は決心しました。この試験にパスしなければ、人生はパスされるものではないと。

どんな人でも、欠点を数えはじめればキリがないのですが、しかし数えたところで何の役にもたつものでありません。そこで私は家内の欠点に眼をふさいで見まいとつとめたのですが、それは駄目《だめ》でした。見まいとすればいよいよ目についてくる

からです。そこで思いかえして、欠点の方はそのまま風呂敷《ふろしき》に包《つつ》んでしまいこみ、美点の方を探すことに決めたのです。

ところが面白いことには、探して居るとだんだん美点が現われて来ました。おやおやこんな佳《い》いところがあったのかとびっくりするくらいですが、更に驚いたことは、あれが実際に変って来かかりました。それは欠点の方が次第に少くなって、美点の方がひろがって来だしたのです。物慣《ものな》れた小学校の教師に聞きますと、生徒の過失を叱《しか》りつけると、大抵《たいてい》は反抗心を強める結果になりますが、何か好《い》いことがあった時、賞《ほ》めてやると、とても素直《すなお》な子になるというのですが、いかにもそうだろうと肯《うなず》けました。

で、家内に対し、この調子で進んで行ったら、私の人生最初の試験もどうやら無事に通過しそうに思えて来ました。こうして私は一生試験を受け通して終りたいと思います。

人生の山登り。私はそんな心持で、一日一日を迎えて居ります。会社でもぼつぼつこの試験が始まりかけて居りますが、こうして足を踏《ふ》みならしておいて、どんなアルプスでも越えるようにしたいと思って居ります。

まア見ていて下さい。そのうち母が家内のことを賞めに、お宅へあがる日が来ますから。」

× × ×

人生の出来事を自分のための試験と心得て、それにパスしようとするこの好青年の努力は、決して空《むな》しくなる筈はありません。果《はた》して、嫁《よめ》さんはその後見違えるほどの変り方だということを聞きました。人のまごころは対手《あいて》を感化せずには措《お》かないものです。殊《こと》に夫婦の場合、お互に欠点を拾っていては、いつまでたっても、いがみ合いの生活から逃れることはできないものですが、本当に対手をよく思う、対手に不足をもたない――、そういう心になり切れば、対手はどんどんよい方へよい方へと変って行くものです。夫婦の幸福は、愛情というセメントでのみ固められます。

これは、焼土《やけつち》のなかから立ちあがったK氏と、その行き方は違っていますが、しかし世の中の出来事に応じて毛ほどの不足をおもわず、一切《いっさい》をよろこんで受け容《い》れる心に至《いた》っては、結局同じであります。人生の事みな試験――、私たちはこう覚悟して、以上の二人に深く学ぶところがなければなりません。

これ以上は『天』の領分《りょうぶん》

◇秋山参謀《あきやまさんぼう》の合掌《がっしょう》

考えなくてもいいことを考えたり、しなくてもいい事をしたり、言わなくてもいいことを言ったりして、尊い時間を無駄につぶしている人が、どんなに多いことでしょう。そのうちで、最も害のあるのは、『彼《か》れこれと取り越し苦労する』ことであって、私たちの生活は、朝から晩までこれの連続であると言ってもよいくらいであります。即ち事にぶつかる前に、それが出来るものか、出来ないものか、もし出来ない場合は何《ど》うしようなどと、考えたところが何《なん》にもならない余計なことを考えるのであります。

もとより、計画、企図《きと》、予算などを十分に立てて、万々《ばんばん》手落ちのないようにすべきでありますが、それらを立ててしまったなら、その次は、ただ全力を挙《あ》げて実行するだけであります。成功を期待し勝利を希《こいねが》うことは勿論《もちろん》ですが、しかし失敗したら、うまく行かなかったら――などと取越し苦労をすることは、実に無用《むよう》の業《わざ》であります。

日本海の海戦いよいよ始まった時、参謀《さんぼう》の秋山中佐《あきやまちゅうさ》（後中将《のちちゅうじょう》）は、「人事をつくした以上、ただ神におまかせするばかりだ」と言って合掌《がっしょう》したと云《い》います。中佐は、東郷大将《とうごうたいしょう》の信任《しんにん》最も厚く、開戦中は、常に大将の傍《かたわ》らにあって謀議《ぼうぎ》にあずかり、肝《かん》胆《たん》を砕《くだ》いて秘策を練《ね》った人であります。それほどの名参謀が、やるだけの事はやった、この上は最早《もはや》自分たちの力ではどうにもなるものでない、ただ神霊《しんれい》の加護《かご》を待つばかりだという気持には、ひしひしと打たれるものがあります。尽くすだけは尽くす、これ以上は『天』の領分《りょうぶん》であります。

◇ある角力《すもう》とりの負けた話

事に当る前に神経を使って焦《いら》ついたり、どうなるだろうかと、くよくよするのは、何《なん》にもならないばかりでなく、却《かえ》って事を破るところの因《もと》となります。

この前の夏場所に、ある角力《すもう》とりから、こんな話を聞きました。

「私は土俵へ立つとき、いつも、ただ全力を尽くして相手と立ち合えばよい。勝ち敗けは、考えたところが何《ど》うにもなるものでない、ということが分ってから、それに囚《とら》われないようにしています。そのためかどうか分りませんが、大抵《たいてい》、好成績を収《おさ》めて来ましたところ、先日、思い切ってひどい失敗をやりました。

それは、土俵に立つと、私の名を呼ぶ大きな声が脚下《あしもと》に聞えるので、ふとその方を見ますと、何年か会わなかった郷里《きょうり》の村長《そんちょう》さんが、村の衆《しゅう》を五六人連れて土俵際《ぎわ》に陣どっているではありませんか。私のような者でも、村から出たのでわざわざ見に来てくれたのだろうし、殊に土俵際といういい場所に座られたのも、声援するに都合がよいからの奮発《ふんぱつ》であろうなどと仕切りする間に考えますと、これは、何でも勝たねばならぬ、負けてなるものかと決心しました。その時、顔がぽうとして、赤くなったことが分ったくらいでした。いよいよ呼吸が合って立ちあがりましたが、恐らく必死の面相《めんそう》をしていただろうと思います。実に猛烈な勢《いきおい》でぶつかって行ったのです。然《しか》るにどうでしょう、一瞬、わずかに一瞬で、土俵の外に投げ出されました。口惜《くや》しいやら、面目《めんぼく》ないやらで、部屋に帰ってから、ポロポロ涙をこぼしてしまいました。」

この話を聞いて、なるほど負ける筈だ、どんなにしても勝てるものでないと思いました。これは、畢竟《ひっきょう》相手に負けたのではなく、自分の昂奮《こうふん》に負けたのです。ただ全力を尽くして立ち合いさえすればよいという平生《へいぜい》の心構えを村長の一声に忘れてしまって、『自分で勝つ』と決めてかかったところに、土俵の外に投げ出された原因があるのです。

剣と禅《ぜん》と相通《あいつう》ずと云《い》い、剣の達人は、禅の妙境に達した人に多いようですが、そういう人は、自分で勝とうなどとは考えず、ただ全力を尽くして技《わざ》を揮《ふる》い、それから先きは『天』の領分としているので、勝敗に囚《とら》われることはありません。真剣勝負の中にあって、すこしも昂奮などせず、綽々《しゃくしゃく》たる余裕《よゆう》を保っていられるのであります。

私たちは、自分の力や自分の智慧《ちえ》などでなし得《う》るものは何一つもありません。皆これ神の力、天の力によって「させられ」ているものであること、今更《いまさら》いうまでもないのです。それを自分の力と誤り信じ、必ず勝つと決めてかかるような心構えでは、自分で顔の熱くなったのが分るほど昂奮したのも当然だし、その昂奮からひど

い負けかたをしたのに不思議はない筈でありますｰ

◇平然とした態度で

曾《かつ》て、親鸞聖人《しんらんしょうにん》の絵伝《えでん》を国宝展覧会で見ましたとき、ふと目に入ったのは、聖人の草庵《そうあん》へ、山伏《やまぶし》の弁円《べんえん》が攻め寄せて来る一段であります。

絵解《えとき》には、

『聖人左右《しょうにんさう(そう)》なく出て逢《あ》ひたまふ』

とあります。左右なくは、とかくの計《はか》らいなく、そのままの態度というような意味でありましょう。剣を揮《ふる》って殺害しようとやって来たものに対し、何事も考えず、平然として出て逢われたのであります。

誰それが攻めて来る、脅《おびや》かしに来る、その時に、ああ云《い》ったらこう云おう、こうしたらああしようなどというようなことを、誰でも予め考えたがるものです。

しかし人生万事、決して自分の考えどおりにはなりません。相手は生きものであ

って、十人には十人の考えがあるから、予想は大概《たいがい》裏切られるものであります。又そういう予想をしていては、それ以外のことが迫って来た時、その一つしか手のないため、狼狽《ろうばい》してしまって、結局、予想したことのため失敗するようになる例が多いのであります。それよりは、何事も恐れたり気にしたりせず、平然としてその事に当りますと、謂《いわ》ゆる臨機応変《りんきおうへん》という、適切なよい考えが求めなくても、すらすらと出てくるものです。

親鸞《しんらん》がこの生命《いのち》にかかわる大事件に会って、何事も考えず、平気な顔で出たことは、その急迫《きゅうはく》せる事態を、たちまち和《なご》やかな光景に変化させてしまいました。武装いかめしく、手に剣《つるぎ》を持って、親鸞ひと撃《う》ちと眼をいからしていた山伏《やまぶし》は、この態度に対して、一も二もなく負かされてしまい、その剣をすてて親鸞の前に平伏《へいふく》したのであります。

私たちはこの話のなかに、大きな教訓の潜《ひそ》んでいることを知らなければなりません。

秀《ひで》吉《よし》型《がた》と光《みつ》秀《ひで》型《がた》

◇服従して行く道

人間には様々の型があります。西洋ではその極端なものとして、喜劇の主人公のドン・キホーテ型と、悲劇の主人公のハムレット型をあげます。一は、楽天的で向う見ずで滑稽《こっけい》を極《きわ》めて居り、一は、神経質で憂鬱《ゆううつ》で暗い感じがします。日本の歴史でいうと、性格行動等のすべてが正反対な秀吉型と光秀型とがあります。

秀吉があの通りの明るい気分で居られたのは、胸の中がカラリとして、少しの蟠《わだかま》りもなく、素直で、よく人を容《い》れもすれば、亦《また》人に附《つ》き順《したが》って行かれたからでありましょう。こういう人は、万人《まんにん》が親しみ懐《なつか》しみ、従って人望が集まるのですから、多くの人と協力しなければ立ちゆかない人生に於《おい》ては、必ず成功するのであります。

秀吉は信長を主人として戴《いただ》くと、文字どおり絶対服従したのであります。絶対服従とは、簡単に言えば、目上に対して、自分の意見を言い張ろうとせず、その言うがままになることであります。秀吉は、どんなことでも命令とあれば、喜んで心から従ったのであります。

たとえば、信長が長年愛乗していた「青」という馬が老衰したとき、当時藤吉郎《とうきちろう》といった秀吉は、その馬番《うまばん》に廻《まわ》されました。すると、世の中にこんな大事な仕事はないかのように精根《せいこん》をつくしてその馬を労《いた》わり、心から可愛がってやったので、老衰した「青」は、以前にまして肥《こ》え太った立派な馬になることができました。

馬番として人に抽《ぬき》んでた秀吉の誠実さは、信長をして深く彼に打ち込ませました。彼はやがて成功の一階段をのぼって草履取《ぞうりと》りに昇進しました。これは畜生《ちくしょう》相手の馬番のような仕事ではなく、日中は勿論、夜中でも、また場処《ばしょ》はどこでも、主人のあるところには必ずいなければならないのですから、位《くらい》こそ足軽《あしがる》同様の卑《ひく》いものであっても、役目の性質は相当に重いのであります。

草履取りになってからは、寒い時など、主人の草履を自分の懐《ふところ》に入れて温《あたた》めたりしました。信長はそれを知ってか知らないでか、草履を尻《しり》の下に敷いていたのだろうと言って、烈《はげ》しく叱《しか》りつけました。しかし彼は何にも言わず、依《い》然《ぜん》として草履を懐に入れて居りました。主人に絶対服従するものにとって、弁解ほど無用なことはないからであります。

◇若い人に絶好の教訓

信長はやがて草履取頭《ぞうりとりがしら》という、今までなかった役を秀吉のために設《もう》けました。彼は、そうなってもやはり、主人の草履を温めることを怠《おこた》りませんでした。

彼は更《さら》に成功の階段をのぼって、清洲城《きよすじょう》の作事奉行《さくじぶぎょう》になったとき、これを三日間で仕上げてしまったことは、あまりにも名高い話です。ここにも体《からだ》一杯のまこと、を捧《ささ》げて主人のために尽くした彼の面目《めんぼく》が鮮《あざや》かに示されたのであります。

私は以上の事実を以《もっ》て、これこそ成功を眼《め》ざして努力する若い人たちの絶好の教訓だと思います。主人に仕《つか》えては、完全に自分というものをなくして、ただ主人の命《めい》これ大事と、その意のままに働く。そしてどんな仕事でも全力を尽くして立派に仕あげる。これでは否応なく抜擢《ばってき》されずには居《お》られないわけです。

秀吉が信長に服従した心もちを以《もっ》て、社員は社長に服従せよ、店員は店主に服従せよ、部下は部長に服従せよ——と私は申します。誤解してならないことは、この服従は、奴隷《どれい》の卑屈《ひくつ》さを意味するものではなくして、社員は社長の、店員は店主の心の境地に飛躍することであります。秀吉が本当に己れを空《むな》しくして、絶対に信長の心のままに動いた時は、その心は必ず信長と一致したに相違ありません。草履取りの藤吉郎と、尾州一国の領主、やがては天下に号令する日を夢見ていた信長と、位置に天地の差はあっても、その心がぴったり合致していたことに不思議はないのであります。

社員は社長に服従すべきものであると自覚して本当に服従するときは、強いて社長の意を迎えて気に入られようと努めなくとも、そのなすところ自《おのずか》ら社長の心とぴったりするようになります。そういう社員が社長の外に十人あるとすれば、十一人の社長があると同じ結果になるのであります。長上《ちょうじょう》に服従することは、卑屈ではなく、飛躍であるのは、秀吉の例で明らかに示されます。

秀吉は素晴らしい大英雄、われわれと一緒になれる筈がない、秀吉の真似《まね》など出来るものかという人があったら、それは飛んでもない考え違いであります。秀吉がどれほど天稟《てんぴん》に恵《めぐ》まれていようとも、もし以上話したような心構えがなかったら、或はただの馬番、ただの草履取りで終ったかもしれません。私は、壮年期の秀吉ほど、若い人たちに取って確かな成功の鑑《かがみ》はないと言う所以《ゆえん》であります。

◇自《みずか》らを滅《ほろ》ぼす道

凡《およ》そ秀吉と正反対な性格は明智光秀《あけちみつひで》であります。

光秀は初め、越前《えちぜん》に行って朝倉義景《あさくらよしかげ》に仕《つか》えましたが、思わしくなくて生国美濃《しょうこくみの》にかえり、信長に仕えたのであります。何故に朝倉家を出たかは分りませんが、自分を枉《ま》げられない強い『我《が》』があって、主人をはじめ、同僚などとも融《と》け合うことができないためではなかったでしょうか。

そして信長に仕えて見たものの、インテリで、潔癖で、狭量《きょうりょう》で、礼儀などのやかましい、言葉を換《か》えて言えば、自分の『我』から離れることのできない光秀は、野《や》生《せい》のまま、傍若無人《ぼうじゃくぶじん》にふるまう主人と気の合う筈はなかったのであります。信長も初めのうちは、光秀のすぐれた材幹《ざいかん》を利用するために虫を殺して使っていたし、光秀も得意になって働いていたのですが、信長の力が大いに伸びて群雄《ぐんゆう》その下に集るようになっては、どこから何処《どこ》までも肌合《はだあい》の合わない光秀の顔などは、見るも厭《いや》になったのだろうと思います。で、事毎《ことごと》に癇癪《かんしゃく》に障《さわ》って仕方がなく、ある時などは、信長が光秀の髪をつかみ、

「主人の命《めい》に従わぬ不届《ふとどき》もの、今は刀をさして居らぬから、命だけは助けてやる」と言って手を離したが、信長の爪のために光秀の頭から血が流れていたと伝えられてあります。

また或る時、信長は光秀に大きな盃《さかずき》を与えて酒を強《し》い、光秀が辞退すると、刀を抜いて「酒を飲むのが厭なら刀を飲め」と叱りつけ、止むを得ず酒を飲むと、信長は光秀の首を抑《おさ》えつけ、「よい鼓《つづみ》だ」と言いながら、たたいて囃《はや》したという話があります。

これを見ると、信長はいかにも、残忍刻薄《ざんにんこくはく》で、一種の変質者ではないかとさえ思

われますが、そういう性格をつよく刺激して、両者の間をぬきさしならぬ羽目《はめ》にしたのは、光秀もその責《せめ》の一半《いっぱん》を負担しなければなりますまい。

秀吉はどうかというに、その地位のまだ低かったとき、諸大名列座《れつざ》の軍事会議の席上でも、平気で意見を述べたりして、よく信長から、「出過ぎものの猿めが、引っこんで居れ。」などと叱り飛ばされました。が、どんなに叱られても、顔を膨《ふく》らましたりすることなく、主人の言葉を素直に受け容《い》れるのですから、さすがの信長も叱った後は、それにこだわることがなく、そのまま過ぎてしまうのでありました。

光秀もこういう態度で事《つか》えていましたら、いかな信長でも、やたらに乱暴な振舞《ふるまい》をする筈はなかったろうと思います。信長のやったことは苛酷《かこく》に違いなくとも、すでに主人である以上、これに絶対服従するのが家来《けらい》の本分《ほんぶん》であります。どこまでも自分の『我』に執着《しゅうちゃく》して気持を変えることのできなかった光秀は、主人の大業《たいぎょう》を本能寺一夜の煙としてしまったと共に、彼も亦自《またみずか》ら滅《ほろ》ぶる道を、まっしぐらに進んで行ったのであります。

◇社員学・店員学

秀吉が明るく朗《ほが》らかで、衆心《しゅうしん》を得《え》、衆望《しゅうぼう》を集めたのに反して、光秀は陰惨《いんさん》で憂鬱《ゆううつ》で、自然に人に背《そむ》かれて行ったのであります。秀吉は決断が早く、行動の機敏《きびん》だったことは、山崎《やまざき》の大捷《たいしょう》や、賤ケ獄《しずがたけ》の快戦《かいせん》でもわかりますが、それにくらべて、光秀は何という愚図《ぐず》つきようだったでしょう。本能寺であれほどの思いきったやり方をしながら、その後は躊躇《ちゅうちょ》して容易に事《こと》を決《けっ》せず、秀吉に先手先手と打たれて策の施《ほどこ》しようなく、全軍蜘蛛《くも》の子を散らすように潰滅《かいめつ》してしまったのです。その手際《てぎわ》の拙《つたな》さといったら——こんなことをどこまで書いて見ても、秀吉型と光秀型とは正反対であることを繰返すだけであります。

私はここで歴史の話をしているのではありません。ただ人間には、陽気で素直で、きさくで、長上《ちょうじょう》に服従していける秀吉型と、陰気で、狭量《きょうりょう》で、剛情《ごうじょう》で、長上に楯《たて》ついて自滅の道を辿《たど》る光秀型との二つあることを述べたのです。

皆さんは、この一章の中で『社員学』『店員学』『部下学』の幾分《いくぶん》なりとも——、言葉をかえて言えば、出世すると共に幸福になり得《う》る道の幾分なりとも、分ってもらえたら、私の本懐《ほんかい》とするところであります。

人生への第一歩

◇二度目の結婚式

ある夫婦が、結婚して一年ばかりたつと、毎日のように言い争いをし、近所の評判にのぼるほどになりましたが、とうとう細君は目ぼしい着物をもって実家へ戻ってしまいました。媒酌《ばいしゃく》にたった人は、いろいろ説き聞かせましたが、どうしても帰らないというし、夫の方もまた、あんな女に、二度とうちの閾《しきい》を跨《また》がせてたまるものかと、えらい剣幕《けんまく》だったのです。

それから二ケ月ほどたって媒酌人は、その細君に向い、いつの幾日《いくか》に、結婚の時のままの服装で来てもらいたいと申しました。細君はどういう意味か分らないが、とにかく言われる通り振袖姿《ふりそですがた》で行き、座敷《ざしき》に入りますと、やはり礼装《れいそう》した夫が先き

に来ているのです。媒酌人は厭《いや》がる二人を無理矢理に床の間の前に並べ、

「あなた達は、別れるなら別れるで仕方がないが、もう一度、結婚の日のことを考えた上のことにして下さい。」と言って座《ざ》を下《さが》りました。

俯向《うつむ》いたままの二人に、重苦しい沈黙《ちんもく》の幾十分《いくじっぷん》が過ぎていきましたが、やがて結婚の日の記憶がまざまざと蘇《よみがえ》ってきました。咽《むせ》かえるような、あの華《はなや》かな雰囲《ふんい》気《き》のなかに披露《ひろう》の宴《えん》が終って、蜜月《みつげつ》の旅にのぼろうとするときの溢《あふ》れるばかりな喜び、汽車の中でしみじみと顔を見合っ

た時、世の中にたより合うものはこの人よりないとお互いに強く感じあった信頼の心――、媒酌人は披露の席で、

「若い二人が、今日の感激を永久に忘れなかったなら、夫婦生活は永《とこし》えに幸福であること、申すまでもありません。」

と言われたが、この感激を忘れるなぞは、二人にとって到底《とうてい》想像もできないことだったのです。然《しか》るに、その感激はいつの間にか忘れられてしまって、何という情けない真似《まね》をして来たのだろう。どうでもよい小さな事を咎《とが》めあい、言葉尻《ことばじり》をつかまえては眼に角《かど》たてて争《あらそ》いあったお互の姿が、堪《たま》らない程《ほど》浅ましく感じられました。

今日こそ二人の更生《こうせい》の日として、意義あるまこと
の結婚生活に入ることを、礼装のままの二人は、改めて媒酌人の前に誓《ちか》ったのでした。

× × ×

更《さら》に又こんな実例があります。

昨年の春のことですが、知人に頼まれてその息子を或る会社に世話しました。月

給は四十円です。それで勤まるかと聞きますと、

「就職難の今日《こんにち》、四十円はおろか三十円でも結構です、何でも仕事にありついて働かさして貰《もら》えれば有り難いと思っていたのですから、月給なぞは問題でありません。大いにやりましょう。」

と、すばらしい意気込みだったのです。その意気込み一つで前途《ぜんと》の幸福を摑《つか》み得るものと信じた私は、この好青年を心から祝福して送り出したのですが、それから四五ケ月経《た》つと、悄然《しょうぜん》としてやって来ました。そして、あの会社は辞職したから、どこか外《ほか》に御周旋《ごしゅうせん》が願いたいと言うのです。なぜ、やめたのかと聞きますと、時間中なまけないで働いて居るのに、月給は未だに一文《もん》もあげてくれない。あんな分らずやの幹部の下では勤める気になれないと言うのです。

わずか半年もたたないうちに、もう月給の不平です。人間はこんなにも早く心のたがゆるむものかと、私は呆《あき》れてしまいました。これは、人生への第一歩を踏《ふ》みだす時の覚悟を忘れた男の一人だったのであります。

◇第一歩を踏《ふ》みだす時

ここに、『人生への第一歩』というのは、夫婦では結婚のとき、官吏《かんり》や会社員では、その職を得たとき、商売人では、その店を開いたときという風《ふう》に、いろいろありますが、つまりその目標とするものに向って、第一歩を踏みだす時をさすのであります。およそ、長い人生に於《お》いて、謂《いわ》ゆるスタートを切ろうとする時くらい、感激に充《み》ちた、緊張した気持はありますまい。どんな艱難《かんなん》がやって来ようとも、どんな故《こ》障《しょう》が遮《さえぎ》ろうとも、少しも恐れたり迷ったりすることなく、それ等を突破して進んでいこうという意気に燃えたっています。

この感激と緊張さえいつまでも衰《おとろ》えなかったなら、夫婦は常に円満な朗《ほが》らかな家庭の幸福のなかに浸《ひた》っていられようし、会社員や官吏はやがて、重要な椅子《いす》を与えられる日が来るに違いないし、商売人は、ますます栄えていくことは当然でありましょう。ところが、中途で、第一歩を踏《ふ》みだす時の覚悟を失うため、事はみな壊《こわ》れてしまうのであります。

なぜその覚悟《かくご》を失うかといいますと、夫婦の間では、その生活に慣《な》れて来るためです。元来《がんらい》、『夫婦別《べつ》あり』という言葉もあるので、互いに敬愛し合ってこそ、結婚当初の感激を持ちつづけて行けるのですが、狎《な》れるままに任《まか》せて、単なる友達に過ぎなくなっては、我儘《わがまま》の言い放題《ほうだい》の果《はて》に、夫婦生活の緊張など何処《どこ》かへ行ってしまいます。

会社員や官吏などは、働くことが、人生にとっていかに大事であるかを解《かい》せず、ただ食うためのものと思っているので、席がすこしく暖かくなると、月給の多寡《たか》によって不平を起したりして、前に述べた青年のような、癇癪《かんしゃく》まぎれに職を捨《す》ててその日の生活さえできない状態にしずむものもあるのです。

事業・商売などをやる人は、多少成功の曙光《しょこう》が見えてきますと、いい気になって贅沢《ぜいたく》な真似《まね》をし、酒色《しゅしょく》に溺《おぼ》れたりして、仕事が失敗に終るばかりでなく、最後は、一家も崩壊《ほうかい》するという悲劇まで見せる人が決して少くはないのであります。

◇大岩崎《おおいわさき》の藁草履《わらぞうり》

大きな仕事をなし遂《と》げた人が、いかにこの点に深い心づかいをしたかについては、涙ぐましい数々《かずかず》の実例を聞かされています。

今の三菱《みつびし》をつくった岩崎彌太郎《やたろう》氏は、実に豪傑《ごうけつ》というべき人でありました。三菱の基礎を築《きず》きあげるまでの七転《ななころ》び八起《やお》きの艱難《かんなん》、さまざまの苦慮《くりょ》、冒険など、僅《わず》かに一端《いったん》を聞いてさえ驚くくらいでありますが、この大人物《だいじんぶつ》を生み、育てあげた母親は、また実に感心な心がけの人でした。

彌太郎氏はただの船子《ふなこ》から身《み》を起し、日本一の大富豪《だいふごう》となったのでありますが、この母親は、むかし国許《くにもと》で貧しく暮したときのことを忘れず、いつも自分で藁草履《わらぞうり》を手作りしておりました。大抵《たいてい》の女がこういう身分になれば、昔の貧しさは隠《かく》すようにし、できるだけ外見《みえ》を飾《かざ》りたがるものですが、この人は、自分で藁草履を作って穿《は》いたばかりでなく、息子の大富豪彌太郎氏に『お前もこれを穿きなさい』とす

すめました。ここに深い思慮《しりょ》が窺《うかが》われます。それは、

『えらくなっても常に昔を思いだして、調子づかぬように、高ぶらぬように、終りを全《まっと》うするように』という親心の慈悲《じひ》から生れて来るのでした。

彌太郎氏は、母親のこの深い心遣《こころづか》いに感激し、その藁草履を戴《いただ》いて穿き、自分の事務所は勿論《もちろん》、外へも平気で行きました。大抵なものなら、母親のこういう心持など酌《く》もうとせず、『今の時代にそんなもの』と言って、一笑《いっしょう》に附《ふ》するのでしょう。

この親にしてこの子ありという言葉がありますが、母親もえらい人であり、その母親の言われることをよろこんで受けた彌太郎氏の孝心《こうしん》にいたっては、真《しん》に胸を打たれるものがあります。

金持は金持らしい生活をするのは当然であります。衣食住、それぞれに富豪としての分《ぶん》に応じてするのは、一向差支《さしつかえ》ないことですが、しかし、何かの形か或は方法で、創業当時の決心を忘れまいとする用意は有《あ》って貰《もら》いたいものだと思います。大《おお》岩崎の主人が藁草履を平気で穿いて歩いたのは、単なる孝心からばかりでなく、昔を忘れまいとする強い心のあったことは言うまでもありますまい。この心こそやがて、一代にしてあの大事業を成就《じょうじゅ》せしめたものでありましょう。

第一歩を踏《ふ》みだした時の覚悟が、このように大事であるなら、私は最後に今一度繰返《くりかえ》して述べることにします。即ち、夫婦はいつも新婚の日の燃えるような感激を失うな。官吏や会社員は就職の際の素晴しい決心を固く心に刻《きざ》みこめ。商売や事業をやっている人は、創業当時の火のような熱意を常に胸に燃やして居《お》れ――と。

夫は妻を、妻は夫を拝《おが》め

◇『奥さんを拝め！』

この間、或る知人がたずねて来て、秘密に話したいことがあると言うので、特に時間を明け、客を謝《しゃ》して面会しますと、言いにくそうにして、

「実は家内《かない》を離縁《りえん》しようとおもって相談に来ました。」

と言うのです。その理由《わけ》をたずねますと、細君がひどい剛情《ごうじょう》で、子供のまえで良人《おっと》の悪口《あっこう》を平気で言ったり、手におえないからだとのことでした。

聞けば一緒になってから、もう十年になるそうです。それに今さら何という事だろうと呆《あき》れたのですが、しかしそんな冷たい批判をしたところで仕方がありませんから、私は単刀直入《たんとうちょくにゅう》に突っ込んで見ました。

「あなたは、その十年という長い間に、奥さんを拝《おが》んだことがありますか。」

私のこの言葉に、知人はすこぶる意外の顔付で、

「イイエ、勿論《もちろん》、家内を拝んだことなんかありません。」と、何処《どこ》の国にそんな二本棒《にほんぼう》があるものかと言わないばかりです。

そこで私は、

「それはいけない、あなたのその高ぶった心持が奥さんの反抗心をよび起こすのです。あなたは、自分の一家を、自分一人の力で経営して居るように思っているでしょうが、家庭というものは、決して一人の力でやれるものではなく、一家みな心を合せ力を協《あわ》せて、はじめて成り立ってゆくのです。あなたに、家族の人たちの知らない苦労のあるように、家族たちも、それぞれ人知れない苦労をし、心をくだいて自分自身の役目を果して居るのです。

ことに細君の役目は、縁《えん》の下《した》の力もちをやり、小さな、細かい、目にたたない仕事に全力を挙《あ》げつつ、あまり人に認められもせず、ほめられもしないのですが、あ

なたにしても、奥さんの縁《えん》の下《した》の力がなかったら、果《はた》して今日《こんにち》あるを得られたかどうかという事を考えて見て下さい。

自分一人の力で今日あるのだと思われるなら、それは大きな間違いです。

あなたに対したときの、ほんの一時の、奥さんの一面だけを見て、あなたは奥さんの全部のねうちを測《はか》ろうとなさりはしませんか。即ち、あなたに都合《つごう》のいい方の奥さんには感謝のおもいを払おうとせず、都合のわるい方の奥さんばかりを問題にしていられるのではないでしょうか。あなたの目が届かず、思いやりの至《いた》らないところにこそ問題があるだろうと思います。」

ここまで話しますと、

「なるほどそういう点もありましょうな。」と、幾分《いくぶん》か私の言葉に肯《うなず》いて来たようです。そこで更《さら》につづけました。

「主人だの、良人《おっと》だのというような立場に立籠《たてこも》り、謂《いわ》ゆる亭主関白《ていしゅかんぱく》の位から見おろすような態度をすてて、虚心平気《きょしんへいき》になってじっと奥さんを覧《み》ておやりなさい。

主人のこと、子供のこと、一切世話をやいて家内万端《ばんたん》の切りもりをしている奥さんの姿がはっきり眼の前に現われて来ます。これで自分が後顧《こうこ》の憂《うれい》なく仕事ができるのだと思うと、有難いなアという気持が起らずにいられません。その時です、奥さんを拝《おが》むのは——。勿論心の中で、両手を合せるのです。あなたに、そういう和《なご》やかな心持が湧《わ》いたら、家庭の波も風も忽《たちま》ち静まってしまいます。

奥さんが剛情我慢《ごうじょうがまん》で、あなたに反抗すると言われますが、あなた自身は奥さんに対して、剛情我慢のおもいをしませんでしょうか。奥さんの心に角《かど》があるというのも、自分の心の角が映《うつ》っているのだと、むしろあなた自身を戒《いまし》むべきではないかと思います。」

私は、そう言いますと、

「よくわかりました。なるほど、これは大いに考えなければならないことですね。」

と言って帰りました。

その後、二度と離縁話《りえんばなし》などの出ないのは勿論、二人の笑い声が盛んに漏《も》れるような家庭に変ったので、私も心から喜んで居るのであります。

◇今度は妻の側から

ある婦人から、深い悩みというものを訴《うった》えられました。それは、良人《おっと》が少しも妻らしい待遇《たいぐう》をしてくれないというのであります。

なぜ、夫《おっと》も妻も、そう不足ばかり思っているのでしょう。二十億に近い人類のなかから、たった一人を選ばれて生涯の苦楽を共にするよう運命を定められたではありませんか。そうした間柄《あいだがら》でありながら、年中不足の言いあい、争いの為《し》とおしとは何という浅ましいことでしょう。

昔の道話《どうわ》に、下女《げじょ》が皿を落して破《わ》ったとき、嫁は早速飛んでいき、私が持っていけばよかったのに、お前さんに持たせたので悪かった、許して下さいと言えば、隠居《いんきょ》は、イヤ私が腰が立たないので、いつも使《つかい》をさせるから、こんなことになったのだ、私が悪いと言う。このようにみんなで自分を責めあったら、一家《いっか》は極楽であるという話があります。

このとおり、ひとの悪いのは、自分が悪いのだという自覚を起しますと、どんな面倒な問題もたちまち解消されてしまいます。

そこで私は改めてその婦人に言いました。「あなたは、何事も人に求めないで自分に求め、人を責める前に自分を責めるようにおなりなさい。そうなったら、昨日まで御主人の不足ばかり思われたのが、今日は、自分は果《はた》して妻らしく振舞っていたかということを静かに考えるようになります。仮《か》りに第三者の立場に立って自分の姿を見ますと、あまりにも至《いた》らない、困りものの自分であることをつくづく意識して、こんな女でも良人《おっと》なればこそ見ていてくれるのだ、良人があればこそ、妻として子供の母としてやって来られたのだ、こう思いますと、御主人が有り難く、その姿を拝《おが》みたい気になる筈です。そうなったら遠慮はいりませんから拝みなさい。良人を拝む妻のまごころ――、これ一つで家庭を包んでいた厭《いや》な雲は、一ぺんに吹っ飛んでしまいます。そして御主人の限りない愛は、春の雨のようにあなたの全身を心地よく湿《うる》おすことでしょう。その時、あなたを認めるとか認めないとか、あなたの訴えられた悩みは、考えだすだけでも、愚《おろ》かなことと思うに違いありません。」

私は、こう言って、更《さら》に、次のような有り難い話を聞かせたのでした。

◇世にも尊い話

大町糸子《おおまちいとこ》さんという婦人がありました。その良人は、若いときから花柳界《かりゅうかい》に遊び浸《ひた》った人なので、良家に育った糸子さんの几帳面《きちょうめん》な態度《ものごし》が気に入らず、結婚後幾《いく》らもたたないうちから、又々《またまた》外で飲みまわるようになり、酔って帰っては無理の言い放題なのを、じっと耐《こら》えて、ただの一度も厭《いや》な顔などしませんでした。

夫はそれをいいことにして乱行《らんぎょう》は日に日に募《つの》り、はては気に入らないことがあると、撲《たた》いたり蹴《け》ったりすることも珍らしくなりました。が、宗教の信仰厚い家に育った糸子さんは、どんな目に会っても、内心つねに念仏して、苦しい顔つきなど少しも見せなかったのであります。

実家の父は思慮《しりょ》ふかい人でしたが、あまりの事に堪《た》え兼《か》ね、糸子さんに次のような手紙をおくりました。

「お前が嫁に行く時、どんなことがあっても、離縁《りえん》などされて帰ってはならぬと戒《いまし》めたが、お前の現在は、地獄の鬼にせめ苛《さいな》まれて、剣《つるぎ》の山や針の筵《むしろ》に追いまくられているのだ。これでは生命にかかわる、決して遠慮するに及ばぬから、一刻も早く帰って来い云々《うんぬん》。」

これに対する糸子さんの返事こそ、世にも尊い、不滅《ふめつ》の文字《もんじ》ともいうべきものでありました。

「私は浄土真宗《じょうどしんしゅう》の家に生れ、親鸞聖人《しんらんしょうにん》の教《おしえ》を奉《ほう》ずる身であります。このくらいの苦労は物の数《かず》でもありません。私は仏の御心《みこころ》に従って菩薩行《ぼさつぎょう》のまねをさせて頂いております。私は因縁《いんねん》によって大町家《おおまちけ》に嫁《とつ》いだ以上は、良人がま、こ、との人となることを希《ねが》って、どんな艱難《かんなん》でも忍《しの》んでいようと覚悟をきめております。

良人から打たれたら、その拳《こぶし》の先から仏の慈悲が通るよう、蹴《け》られたら、足の爪《つま》さきから仏の御心が入るよう、ひたすらに念じております。良人の心の病気が全快せぬうちは看病をやめません。私がもし離縁になりましたら、新しい妻を迎えることでありましょう。大町の平生《へいぜい》を知らずに嫁いで来るその人は、再びこの苦しい目に逢《あ》われましょう。人をこの苦難に逢《あ》わせることは、ま、こ、との道に精進《しょうじん》させて頂いておるものの忍べることではありません。

父上様、御心配下さいますな。私のこの心が仏様に通じましたら、かならず仏様のお力によって良人のたましいにかかる幾重《いくえ》の雲も次第《しだい》に晴れるときがありましょ

う。私が去ったら良人は生涯救われず、大町の家はかならず滅《ほろ》んでいきます。救いの場処《ばしょ》を与えられた私が、力が足らないから、また苦労が多いからと云《い》って、遁《のが》れることは仏の道ではありません。私は日々、仏への御恩報謝《ごおんほうしゃ》のために働いております。私は苦痛のうちに光を仰いでおります。御心配下さいますな。」

× ×

この糸子さんの、一切を自分に負《お》う雄々《おお》しい心の、遂《つい》に通ずるときが来ました。

ある夜、良人は例のごとく酒を求めました。すでに自分の衣類やその他の全部を売りつくして、最早何物もない糸子さんは、ひそかにかもじ屋に行って頭の髪《かみ》を金にかえ、酒を買って戻りました。

良人は糸子さんが坊主頭《ぼうずあたま》をかくすために被《かぶ》った手拭《てぬぐい》を、怒りにまかせて剥《は》ぎとり、その異様《いよう》の姿を見て、口ぎたなく罵《ののし》り詰《なじ》りましたが、糸子さんからその事実を聞くや、眠っていた良心は遂に眼覚《めざ》めました。雨の如《ごと》くに下《くだ》る悔悟《かいご》の涙を拭《ぬぐ》おうともせず、両手をついて、「悪かった……」とたった一言、血を吐《は》くように言いました。彼は遂《つい》に真人間《まにんげん》に立ち帰ったのであります。

私は、この物語になまじいの感想を加えることを差しひかえます。どうか、よくよく味わって見て下さい。

こう言って、その奥さんとの話を終りました。

家の力・妻の力

◇繃帯《ほうたい》した友人の顔

一日、ふと思いだして或る旧友を訪ねたくなり、郊外《こうがい》のその家にまいりました。通されて奥へ行くと、その友は額《ひたい》から頬《ほお》にかけて、厚い繃帯をして出て来ました。私は驚いてどうしたのかと聞くと、

「実は誰にも話すまいと思っていたが、あなたには聞いて貰《もら》おう。恥《はじ》をさらさなければ分らないのです。実は……」

と前置きして、語りだしました。

「昨年御承知の通り伜《せがれ》に嫁《よめ》を貰った。初めは仲よくしていたが、この頃《ごろ》になって伜は夜分《やぶん》の外出が多く、酔っておそく帰っては嫁と言いあいをすることも度々《たびたび》だそう

で、これは困ったものだと思っていると、驚いたことには嫁の様子がだんだん変って来た。元来才気《がんらいさいき》ばしった、神経質の方だが、それが、顔色は蒼《あお》く、目つきは剣相《けんそう》とでもいうのか、妙《みょう》に鋭《するど》くなって来たのだ。

　ところが一昨日、朝の食卓にならんで見ると伜がいない。嫁はだまって座っていたが、箸《はし》をとろうとしないので、私《わし》が『どうしたのだ』と言っても、硬《かた》い表情をして黙《だま》っている。こちらも少々むっとして、『どうしたのだ。親がものを云《い》うのに返事ができないのか』と、私《わし》の声も険《けわ》しくなった。すると突然、嫁は、前にあった皿をつかんだと思うと、私《わし》の顔へなげつけた。はっとうつむく拍子《ひょうし》に眉間《みけん》へあたって割れた。

それは実に瞬間だった。元来短気者の私《わし》はかっと上気《のぼ》せて、夢中で立ちあがり嫁に向おうとすると、家内は私《わし》にぐっと抱きついた。その力は実に強くて、身動きもできない。髪の毛をつかんで、振りはなそうとすると、家内が今まで聞いたこともないような力強い声をして、『許して下さい。私が悪かったんです。何もかも私が悪いんです』という、その声がとても抵抗《ていこう》できない力強いもので、私《わし》はそれを聞くと五体《ごたい》が緩《ゆる》むような気がした。そのうち家内は私《わし》を引きたてて隣《となり》の室《しつ》へつれていき、ぺたりと座って両手をつき、

『お許し下さい、私が悪いんです、うちの始末は私の責任です。あなたは外が忙しいから内の事はみんな私が始末をしなければならないのに、母親の甘さから伜の放蕩《ほうとう》をやかましくも言わず、嫁を気違い同様にしてしまったことは申訳の言葉もございません。伜はきっと直させます、嫁の心も必ず直って貰います。命にかけてやりますからどうか御勘弁《ごかんべん》下さい。どうしてもうまく行かなければ、私は死んでお詫《わ》び

を申します。』

と泣いて私《わし》にあやまるのだ。私《わし》は、はじめはぽかんとして聞いていたが、いつかしら癇癪《かんしゃく》はおさまって涙が頬《ほお》を流れる。私《わし》は三十年近くも一緒にいたが、家内がこれほどまでに真剣になったすがたを見たのは初めてだし、何という恐ろしい力だとも思った。そして書斎《しょさい》に入り、じっと座って考えて見ると、伜のよくないのは当り前で、あれは私《わし》の姿そのままを鏡に映《うつ》しているのだ。家内が来てからでも私《わし》は今日この頃の伜以上のまねをしていたのをこらえこらえして、どこまでも私《わし》を許し、私《わし》を庇《かば》い、紊《みだ》れやすい家政を整理して、ここまで苦労を重ねて来てくれた家内の力、これを平生気づかぬではなかったが、今日はじめて心から家内にあやまる気になった。そこで手を合わして台所に向い、一心《いっしん》に詫《わ》びをいったのであった。

伜はその前夜遅く酔っぱらって帰って朝飯の時にはでて来なかったのだが、蔭《かげ》でこの様子を聞き、泣いて家内にあやまり嫁にもあやまった。嫁も伜の度重《たびかさ》なる夜遊びからヒステリー気味《ぎみ》となり、あんな狂態《きょうたい》を見せたが、家内の一心《いっしん》込めた言葉から逆上《のぼせ》もさがり、こころから私《わし》にあやまった。その晩の伜のまじめな厳粛《げんしゅく》な顔付《かおつき》と、嫁の素直な姿には、私《わし》も襟《えり》を正さずにはいられなかった。」

◇一切《いっさい》のものを生む力

こう言って友人はその顔の繃帯《ほうたい》を指《さ》して、「私《わし》がこの傷《きず》をしたおかげで、これから一家《いっか》一つになって、円満に、光明《こうみょう》の方面に向うことができましょう。昔は向う傷は男のほまれと云って千石《せんごく》位のねうちがあったそうですが、この傷こそ儲《もう》けものです。それというも畢竟《ひっきょう》家内のためですよ。」

と、深い歓《よろこ》びの籠《こも》った笑いを漏《も》らしました。

私は、友人の繃帯に捲《ま》かれた顔を見つめながら、息を殺して聞いていたのですが、話が終ると、しみじみと深い教《おしえ》を受けた感じがしました。

良人に傷をつけた嫁を叱りもせず、息子に意見一つ言わず、一切《いっさい》を自分の責任として治《おさ》めようとされたこの夫人の気高《けだか》いこころには、腹の底から礼拝《らいはい》せずにはいられませんでした。

その後二箇年《にかねん》たちますが、この友人の事業は、以前は何をしてもうまく行かず、傍《はた》から見ると危っかしいほど波瀾《はらん》の多かったのが、それ以来、派手《はで》ではないが着々基礎が固《かた》まり、今では誰の眼にも大丈夫と思われるほどになりました。

なぜ事業の方に、そういう喜ばしい変化が来たかといえば、夫婦の完全な和合《わごう》によってのみ事業は順調に進むものだからであります。男は、単に自分一人の力で働いているものと思って居りますが、そのうしろに家という重大なものがあり、家を背負《しょ》って立つ妻があってこそ初めて立派な働きができるのであります。

夫婦が本当に和合することによって、一切《いっさい》のものが生まれてくる――この深い道理はここには言いませんが、生存競争のはげしい時代に、それぞれ一方に擢《ぬき》んでている人の、その成功の道程《どうてい》をしらべますと、夫のために骨を粉にするほどの努力をして、内助《ないじょ》の功を積んだ妻のあることを見出します。然《しか》るに大恩忘却《だいおんぼうきゃく》といって、空気の中にあって空気の恩恵《おんけい》を忘れ、太陽に照らされて太陽の有難さを忘れると同じく、家にあって家の有難さを忘れ、妻と一緒にいるので妻の有難さを忘れがちなのは、多くの人に見るところであります。

◇家を天地の大道に建つ

近世《きんせい》日本の誇りは種々《いろいろ》ある中に、東郷元帥《とうごうげんすい》こそは最も大《だい》なるものであります。そしてその輝かしい光を放ったうしろに隠れた宝玉《ほうぎょく》、それは元帥夫人てつ子刀自《とじ》であります。

刀自が東郷家へ嫁《か》したのは十八歳のときでした。当時、中尉《ちゅうい》だった元帥は、艦上《かんじょう》勤務のため殆《ほとん》ど家に居られなかったのですが、その間《あいだ》刀自は、マッチの箱張《はこは》りをされたのであります。と言っても謂《いわ》ゆる内職《ないしょく》ではなく、ひまなままに緊張を欠《か》くようなことがあってはならぬと自《みずか》ら戒《いまし》めるためでありました。こういう心づかいを以《もっ》てよく家政を治《おさ》め、海上にある夫君《ふくん》に家の事を考えさせないようにしたのですから、その終《しゅう》始一貫《しいっかん》、家庭のよき主婦として一生を元帥にささげられたことは、推測《すいそく》に難《かた》くありません。

また近世日本の政党政治家のうち、最もすぐれた手腕《しゅわん》をふるわれた人は原敬氏《はらたかしし》ですが、その背後《うしろ》にも、やはり夫人浅子刀自《あさことじ》という、かくれた大きな力があったのでした。一つの例をあげれば、嫁《か》してから十九年という長い間に、古新聞雑誌の売上金を丹念《たんねん》に貯《たくわ》えて千三十七円に及《およ》んだそうです。一事《いちじ》は万事《ばんじ》です、こういう心掛けで家政を処理したればこそ、夫君が安心して後を顧《かえり》みる心配がなく、大きな仕事をやって行けたのであります。

力といえばただ強いものとばかり思ってはなりません。常につつましく、おとなしく、やさしく、一切に対して行く大きな力があるのであります。おもうに、他人に勝つというにも優《すぐ》れた力が要りますが、すべてを堪《た》え忍《しの》んでいくことにこそ大きな力が要るのであります。そして日本の女性が、それを最も豊かに恵まれてあることを見過してはなりません。

しかし、これを一方から言えば、てつ子、浅子両刀自が、主婦として妻として、女性のもつ最も大きな徳を発揮《はっき》されたのは、一つは元帥なり、原氏なりの善導《ぜんどう》の力が、最も多くあずかって居るのではないでしょうか。

インドにマーヤという女神がありますが、これは大地崇拝《だいちすうはい》から生れた神であって、マーヤは土地の意味であります。大地の万物《ばんぶつ》を生み出す力を見て、古代の人々が驚きのあまり、これを神のなすところであるとしました。また観音《かんのん》が女性である如《ごと》く、本当に女性の特性すなわち婦徳《ふとく》を発揮《はっき》すれば、それは必ず拝《おが》まれるに値《あたい》する、尊いものであります。

が、この大地が生む力と云うのは、所詮《しょせん》は太陽の光によって育《はぐく》まれるものであることを知らなければなりません。天は覆《おお》い、地は載《の》す。天は照《て》らし、地は生《う》む。天が照らさなければ、地は到底《とうてい》生めるものではないのであります。

この天地陰陽《いんよう》の道理は、ただちに人間の道であって、夫唱《ふとな》え婦随《ふしたが》うというのは人《じん》道《どう》の根本であるべき筈です。

夫が妻の力を認め、尊んで、妻の力のあるだけを働かせる。妻はどこまでも夫に従って、夫の力一杯を伸ばさせる。これで一家が金城鉄壁《きんじょうてっぺき》となります。家は基礎工事が肝要《かんよう》であるように、私たちが働く心の家は、天地の大道《だいどう》の上に建つべきものであります。そして人生の烈《はげ》しい風雨《ふうう》に、震害《しんがい》に、その他一切《いっさい》に微動《びどう》だもしない心の家を支《ささ》え保《たも》つものは、夫の外《ほか》に、妻のあることを忘れてはなりません。

まごころの偉大な力

◇刀鍛冶《かたなかじ》正宗《まさむね》

伏見天皇《ふしみてんのう》の御代《みよ》に日本全国から刀工《とうこう》十八人を選びだして、おのおの一振《ひとふ》りずつの刀《かたな》を徴《め》され※ました。その第一の選《せん》に当ったものが天皇の御守刀《おんまもりがたな》になるというので、諸国の刀工はみな畢生《ひっせい》の力を揮《ふる》って、鍛《きた》えあげました。

※徴され＝お取り寄せになり

その中で当時日本一の刀鍛冶《かたなかじ》と人も許し自《みずか》らも誇っていたのは、越中《えっちゅう》の国松倉《まつくら》の郷義弘《ごうのよしひろ》という人で、当時刀打つわざでは、自分の右に出《い》ずるものがない筈だ、自分こそ必ず第一の選に入《い》るものと待構《まちかま》えていましたところ、案《あん》に相違して相州《そうしゅう》の正宗《まさむね》が第一ということに定《き》められました。彼はこれを聞いて、

「正宗は刀をうつよりも世渡りの方が上手《じょうず》で、賄賂《わいろ》でも使ってこの僥倖《しあわせ》を得たものの

に相違ない。よし、それならば、これから相州に赴《おもむ》いて斬《き》って棄《す》てよう。」

と決死《けっし》の勢《いきおい》で、越中《えっちゅう》からはるばる鎌《かま》倉《くら》まで出かけていきました。彼は正宗の家の前まで来ると、仕事場の鎚《つち》の音が洩《も》れ聞えるので、窓から中の様子《ようす》を覗《のぞ》くと、忽《たちま》ち今までの態度はがらりと変り、しおしおとして玄関《げんかん》へ廻《まわ》りました。案内を乞《こ》うて正宗に面会し、初対面の挨拶が済《す》むと、彼は正宗の顔をじっと見つめながら、

「さて正宗殿《どの》、自分は貴殿と腕くらべして、場合によっては貴殿を打ち果《はた》す

覚悟で、越中からわざわざ参《まい》ったものでござるが、今よそながら貴殿《きでん》のお仕事ぶりを拝見すれば、注連縄神々《しめなわこうごう》しく張《は》り、隅《すみ》の隅《すみ》まで祓《はら》い浄《きよ》め、御自身《ごじしん》もお弟子《でし》も折目《おりめ》正しい袴《はかま》をつけて、威儀《いぎ》堂々と鎚《つち》を打たれる。まことに身もたましいも刀一つに打ち込まれるほど丹誠《たんせい》こめて居《お》ることがわかる。これでこそ天下第一の刀鍛冶といわれるのだと、深く感じ入りました。然《しか》るに、自分は仕事場に酒を置いて呑《の》み、夏は両肌《りょうはだ》ぬいで仕事をすると云《い》う、だらしのない有様《ありさま》で、つい今まで、刀は腕一つで打てるものと心得ておりましたのは、実以《じつもっ》て恥《はずか》しゅうございます。どうか只今《ただいま》より貴殿の弟子として心の修行《しゅぎょう》をさせて戴《いただ》きたい。」

と両手をつき、まごころこめて頼《たの》み入《い》るので、正宗もその真情《しんじょう》に感じ入り、遂《つい》に弟子の中に加えたと云うことであります。

◇万年筆と自転車

以上の話をお読みになった人は、何物か強く胸をうつもののあることを感じられましょう。注連縄《しめなわ》を張《は》り、隅々《すみずみ》を祓《はら》い浄《きよ》め、主従ともに威儀《いぎ》を正しくする。それだけならば、何でもないことのようですが、問題は単に形の上ではなくして、魂《たましい》の底にあるのであります。

形を正しくし身を浄《きよ》めずには鎚《つち》をおろせぬという強いまごころ——義弘《よしひろ》は、そのまごころに打たれたに外《ほか》なりません。正宗《まさむね》の打った刀はなぜあんな切味《きれあじ》があるかは、鉄を分析《ぶんせき》しても分らないことであって、正宗のまごころを分析して初めて分るのであります。言葉をかえて言えば、正宗は、自分のまごころを現わすに鉄というものを借《か》りたのであります。

百代も経《た》って、いよいよ光と価値とを増すほどの名品は、腕や技《わざ》だけで出来るものではなく、まさしくまごころの光りの現われであります。而《しか》もそれは、正宗の名刀のような、世にもすぐれた業物《わざもの》に限るのではなく、普通の骨董品《こっとうひん》などにも見られる、珍らしくはない話であります。

たとえば、なにがしの作という茶碗《ちゃわん》が二個《ふたつ》あるとします。その一つを主人が、他の一つを女中が拭《ふ》きます。然《しか》るに、主人の拭いている方は、次第《しだい》に光沢《つや》を増して来るのに、女中の方は、少しも光りが出て来ません。これは何故《なぜ》かと言えば、主人は愛玩《あいがん》おく能《あた》わずといった気持で、まごころをこめて拭きますのに、女中の方は、「主人が骨董好きで、こんな厄介《やっかい》なものばかり買って来るから、私たちの仕事が殖《ふ》えて仕方《しかた》がない。」

などと不平たらたらで拭いて居《お》るからであります。まごころの有ると無いとは、直《ただ》ちにその相手の物に映《うつ》らずには居らないのであります。

もっと手近で、誰でも実験のできる例がほしいなら、二人の女中が一つのお鉢《はち》の御飯《ごはん》で握飯《にぎりめし》をつくるとします。一人は奥さんの言いつけを喜んでこしらえ、一人はぶつぶつ口小言《くちこごと》を言いながら握《にぎ》りますなら、その味に格段《かくだん》の違いがあるものです。同じ御飯でありながら、まごころの有無《うむ》によって、そういう結果になることが分りましたら、一切の問題は、心に帰《き》するものだという真理が、おのずと悟《さと》られることと思います。

いま一つ例をあげますが、朝から晩まで自転車を乗り回すこと三年になったが、少しも調子が狂わないし、どこも損《そん》じないという人がありました。どういう秘訣《ひけつ》があるのかと質《ただ》しますと、ただ可愛がって乗る、そして夜、洗ってから仕舞《しま》うだけだというのです。ではその洗い方に、何か特別の方法でもあるのかと聞きますと、『自分の赤ン坊にお湯をつかわせる時の心持』で洗うだけで、別に秘伝《ひでん》も何もないのだと云《い》われて、私は手を拍《う》って感歎《かんたん》したことがあります。

母親の幼児に対するような、何ものにも換《か》えがたい強い愛を以て自転車に対しますと、無感覚、無神経と思っていたものにも、実にちゃんと命があって、こちらのまごころを受け容《い》れ、その命をいやが上にも延《の》ばすことになるのであります。

◇三人のお客の場合

主人にとって最も大切なお客が三人見えて、夕飯の御馳走《ごちそう》を出すことになった場合、始めての人たちなので、どんなものが口に合うやら見当がつかず、奥さんはひ

どく当惑《とうわく》して、いろいろ考えあぐねた末に、ふと或る人から、

「そういう場合は、主人の一番好きなものを、主人に喜んで食べて貰《もら》おうと思ってこしらえなさい。」

と教えられたことを思いだし、その通りにすると、果《はた》してお客全部によろこばれ、いずれも舌鼓《したつづみ》うって賞玩《しょうがん》されたということでありました。

これは突然聞くと、何だか作り話のように思う人があるかも知れませんが、心のはたらきということを考えている人には、当然すぎることだと思われましょう。何《な》故《ぜ》かと云《い》えば、まごころにまさる力はないということの実例だからであります。奥さんが、一番大事な主人によろこんで食べて貰おうという、つよいそのまごころは、必ず結構《けっこう》な料理とならずには居《お》りません。つまり、まごころが味をよくするのであります。

これは、まさしく真理です。しかも真理とは、平凡な、何でもないところに、常にころがって居《い》るものであります。

それで思い出したのは、私が曾《かつ》て、暫《しば》らく会わなかった友人を訪ねた時のことであります。友人はよいところへ来てくれたと、自慢の抹茶《まっちゃ》をもてなされました。夫人が出て、見事な立《た》て前《まえ》で、一服《いっぷく》いただきましたが、その香りと味のよさとは、何とも言えなかった程でした。長い用談が終ってから、先刻《さっき》のお茶を今《いま》一服と所《しょ》望《もう》しますと、親戚《しんせき》の令嬢という人が立ててくれましたが、先ほどの香りも味もありません。そこで友人に「これはさっきのお茶とは違いますね。」と言いますと、友人は笑って、

「家内は、この頃娘の嫁入先へ手伝い事があって行っているのですが、あなたのお出でを知らせると飛んで帰って来て、心からお迎えするよろこびを込めて一服立てたのです。そして、あなたの御満足の顔を見て、すぐ又娘のところへ走って行きました。お茶は前《さき》のも後《あと》のも同じものです。」

という言葉を聞いて、「なるほど、そのまごころがこめられていればこそ、あの芳《こうば》しい香りと味とがあったのだ。おつとめ一方《いっぽう》で立ててくれた親類の娘さんのとは違う筈だなア。」と、心から肯《うなず》いたのであります。

同じ茶であって、それほどの違いができます。同じ魚、同じ醤油《しょうゆ》、同じ砂糖であっても、心から按配《あんばい》すると、いくらでも優《まさ》った味が出てくる――これは実に驚くべきことであって、また万事《ばんじ》にあてはまるものであります。

×　　×　　×

断片的《だんぺんてき》ながら以上の話によって、まごころは、いかに大きな影響を与え、深い感化を及ぼすものであるかがお分りになったことと思います。人の心ほど恐ろしい力を持っているものはありません。一切《いっさい》の境遇《きょうぐう》は、決して環境によってつくられるものではなく、自分の心がつくり出すものであることを、はっきり覚《さと》るべきでありま す。即ち、よくも、悪くも、順境《じゅんきょう》も、逆境《ぎゃっきょう》も、みな心の持ち方一つによって岐《わか》れるものであります。

会社その他に働くにも、良人《おっと》に仕《つか》えるにも、何かの事業に従事するにも、否《いな》、一寸《ちょっと》したこと、たとえば手紙一本書くにしても、御飯《ごはん》を焚《た》くにしても、人と物言うにしても、まごころを以《もっ》てこれに対すれば、とても困難と思われたことでも、みな完全に成《な》し遂《と》げられるのです。要するに私たちは、まごころの命ずるままの生活をすればよいということを、はっきり知っていなければなりません。

人を動かす唯《た》だ一《ひと》筋《すじ》の道

◇巌《いわ》をも貫《つらぬ》く一《いっ》心《しん》

先年、親戚《しんせき》の娘が、家の前で卒倒《そっとう》したので、かつぎ込んで寝かしておきましたが、やがて意識が回復すると、しきりに頭痛を訴《うった》えるのです。元来剛情《ごうじょう》で、勝ち気で、あまり人の言うことを聞かない性質の上に、頭の病気と来ているので、ひどく神経が尖《とが》ってしまい、ただ無暗《むやみ》に怒るばかりで手がつけられません。はては「私は死んでしまう」とむずかって、薬を呑《の》もうともしないのです。

老練《ろうれん》で模範的《もはんてき》だと言われる看護婦《かんごふ》を頼みましたが、その日のうちに口実《こうじつ》を設《もう》けて帰ってしまいました。入院させようとしても、厭《いや》だと頑張《がんば》って言うことを聞かないので、家中《うちじゅう》が持てあましておると、主治医も心配して、若いが、これなら大丈夫だという一人の看護婦をよこしてくれました。

この人は病人の様子《ようす》や態度をよく聞いて、「それはお気の毒なことです」と言い、まず病室に入るなり、病人が痛いという頭へ、両の掌《りょうて》をあてて齧《か》じりついてしまいました。

そうして一心《いっしん》に、ただその頭をかかえ、病人が「痛い痛い」と言うと、まるで自分も痛くてたまらぬように、「お辛《つら》いでしょう、お辛《つら》いでしょう。」と心から言うのです。

この人の巌《いわ》をも貫《つらぬ》く一心は徹《とお》らずにはいませんでした。さすがの病人も、だんだんと「痛い痛い」が少くなっていき、看護婦の顔を見ると、頰《ほお》に少しく笑いの影をただよわすくらいになりました。

家《うち》じゅうの者は、みな顔を見合せて、この看護婦の、親身《しんみ》も及《およ》ばない深切《しんせつ》さに、涙を流して感謝したのであります。

今まで誰が何と言ったって呑《の》まなかった薬も、この看護婦がついでやると呑むし、

この人の言うことなら、何でも聞くようになりました。

それからこの人にすすめられて入院しましたが、一時《いっとき》も傍《そば》を離そうとしません。本当に不眠不休の看護のおかげで、だんだんと快《よ》い方にむかい、間もなく全治《ぜんち》退院いたしました。

暫《しばら》くはなお附添《つきそ》っていましたが、この看護婦の人格を尊敬し、言語動作《げんごどうさ》などを見習《みなら》うようになり、以前の剛情《ごうじょう》、我慢《がまん》、片意地《かたいじ》の性格が一変《いっぺん》したように素直《すなお》になったのであります。

これは四年ばかり前の話ですが、人を

服従《ふくじゅう》させる道は、ただ一筋《ひとすじ》より外《ほか》にはないということを、この時、はっきり悟らされたのであります。

◇服従を要求するな

前に私は、妻は良人《おっと》に絶対に服従すべきものであり、社員も、店員も、社長なり主人なりに絶対服従すべきものであると述べました。これは動かすことのできない人生の真理でありますが、だからと言って、目上のものは、決して目下のものに絶対服従を要求すべきではありません。よく世間に、「妻は良人に服従すべきものであるのに、何という剛情《ごうじょう》な女だろう」と言って、しきりに責《せ》める男があり、また社長、店主、或は部長とか課長とかの立場に居る人にも、同じような不満不足をならべることが多いと聞いて居ります。

みな間違いであります。服従は目上の方から要求すべきものでありません。要求すれば却《かえ》って反抗を受けるような状態になるばかりです。では何《ど》うすればよいかと言えば、絶対服従は、絶対愛を与えた場合、即ち前に述べた看護婦のようであって始めて受けられるのであります。

はっきり言えば、五分愛すれば五分服従され、七分愛すれば七分服従されるのであります。こちらから愛という宝を以《もっ》てしないで、どうして服従という高価なものを求め得られましょうか。

この場合の服従とは、形の上や姿について言うのではありません。目下のものが目上に恐れかしこまって、慇懃《いんぎん》に応対したからとて、それが服従でないことは勿論です。服従は、心の底から湧《わ》きあがった気持の現われでなければなりません。

◇人生意気に感ず

昔から肝胆相照《かんたんあいて》らすといい、人生意気《じんせいいき》に感《かん》ず巧名誰《こうみょうたれ》か復《ま》た論《ろん》ぜんと言いますが、その心持は、よくよく相手が自分を思ってくれ、自分のために尽くしてくれるまごころを、満身に浴《あ》びてのち起こる至純《しじゅん》な感情であります。

私はかく述べて来ますと、豊臣秀吉と大谷吉継《おおたによしつぐ》（刑部《ぎょうぶ》ともいう）との君臣《くんしん》相許《あいゆる》すことのいかに深かったかを示す一挿話《そうわ》を思い出します。

天下は千生瓢《せんなりひさご》の馬標《うまじるし》の下《もと》に統一されて、秀吉は、太閤《たいこう》と崇《あが》められるようになった時ですが、一日、十人あまりの武将たちを呼んで茶の会を開いたことがあります。中に交《まじ》っていた大谷吉継は、茶碗《ちゃわん》をとりあげて飲もうとすると、不覚《ふかく》にもその醜《みにく》き面上《めんじょう》から膿汁《うみじる》を茶碗の中へ落しました。彼は久しく癩《らい》を病んでいたのであります。当惑《とうわく》しきった吉継はその茶碗を次席《じせき》へ廻《まわ》すことをためらっていると、秀吉は「茶碗を余《よ》に持《も》て」といって恐懼《きょうく》している吉継から茶碗を受取り、何事もなかったように、ぐっと飲まれたのであります。

この時、吉継は感激に燃ゆる面《おもて》をあげて秀吉を見つめました。そして心の中《うち》で、「この大将のために死なねばならぬ。」と、固《かた》く固く誓《ちか》いました。

これは、伝説であります。しかし、伝説は歴史以上の正確な事実を伝える場合のあることを知らねばなりません。後年《こうねん》、関《せき》ケ《が》原《はら》の戦《たたか》いはじまるや、当然家康《いえやす》の軍に加わるものと思われていた吉継が、三成《みつなり》と運命を共にして甘んじて死んだのは、深く三成の意気に感じたところもあったでしょうが、畢竟《ひっきょう》、三成が兵を挙《あ》げたのは、太閤《たいこう》の子の秀頼《ひでより》のためであるとし、曾《かつ》て太閤から受けた『絶対愛』に、一死《いっし》を以《もっ》て酬《むく》いたものであるとしたならば、この伝説中の事実は躍々《やくやく》、活《い》きて来る感じがするのであります。

故澤田正二郎氏《こさわだしょうじろうし》には、その師匠《ししょう》のために命をすててもという弟子が多かったので、新国劇《しんこくげき》があのような団結力をもったのであります。それは彼が弟子を愛すること深く、常に弟子の急に赴《おもむ》くことを辞《じ》せず、頼《たよ》って来るものには、着ているものをぬいで、これを持っていけと言って与えたという、あの俠骨《きょうこつ》が生みだしたのであります。新国劇が澤田氏在世中《ざいせいちゅう》、単に結束《けっそく》が堅《かた》かったばかりでなく、舞台の上には他に見られない情熱が迸《ほとばし》って、見物《けんぶつ》にひしひしと迫《せま》るもののあったのは、師匠と弟子との意気相投合《あいとうごう》した為《た》めではなかったでしょうか。即ち『絶対愛』と『絶対服従』とが、遺憾《いかん》なく融《と》け合った結果に外《ほか》ならなかったものと思うのであります。

◇原因の伴《ともな》わざる結果なし

事業などの成功といい、失敗というも、つまりはこの『絶対愛』と『絶対服従』とが、本当に結ばれているか何《ど》うかによって決《けっ》せられることが多いのです。

仕事をする場合、二人集ると、そこには、もう目上と目下との区別がつきます。即ち率《ひき》いていくべき立場の者と服従すべき立場の者とに分れます。三人、五人、十人と、人がいくら殖《ふ》えても同じことであります。

一昨年の秋、あるところで撃剣《げきけん》の試合を見ました。それは東軍と西軍とに分れ、各々《おのおの》十二名ずつの選手から成《な》っておりましたが、西軍の選手の強さは、東軍の選手の及ぶところではなかったのです。然《しか》るにいよいよ試合がはじまると、西軍は散々《さんざん》の体《てい》で大敗《たいはい》をとり、観衆を呆《あき》れさせました。

なぜ強い西軍が敗《やぶ》れたかというに、それは選手が団長に服従する道を知らなかったからです。一人一人としては立派な力量《りきりょう》を有《も》っていながら、団長を中心として一《いっ》体《たい》に結《むす》ぼうとしなかった為《た》め、無残《むざん》な失敗をとったのでした。然るに東軍は、一人一人としては弱かったが、命がけで導く団長の下《もと》に、十二人の選手はみな服従して少しも相反するところなかったので、十三人の団長ができたのも同様の強さとなり、断然《だんぜん》、西軍を圧倒《あっとう》して大勝《たいしょう》を博《はく》したのであります。

先年春の六大学リーグ戦に、某《ぼう》大学は見事な優勝をした時、ある知名《ちめい》の野球批評家は、これは、その選手たちが監督を中心に一致結合した為《た》め、あんな『実力以上』

の大捷《たいしょう》を得たのだと言っていました。実際、全選手は一人の主将によく服従し、補欠選手もまた己《おの》れを空《むな》しゅうして正選手を助けた結果の勝利であることに間違いはありません。しかし、『実力以上』という言葉はおかしいのです。世に原因に伴《ともな》わない結果がないものなら、実力に伴わない勝利も亦《また》当然無い筈であります。本当に服従される人と、服従する人と相和《あいわ》したとき、その相和した程度によって、一の力が十合《がっ》して二十の力が出るか、三十の力が出るか、或《あるい》は百の力が出るか分りません。而《しか》もそれは皆その人たちの本当の実力の発揮であることを知っていただきたい。そこに服従のふかい妙味《みょうみ》が存《そん》するのであります。

目の前のものを喜んで受ける

◇自動車の数《すう》

東京市内《しない》の某《ぼう》内科病院へ一人の神経衰弱患者が入院しましたが、不眠症だというので、頻《しき》りに静かな部屋をと要求し、附添《つきそい》のものもそれを院長にたのみました。ところが院長はわざとか、どうか、表通りに面した部屋へ入れたのであります。

夜も盛《さか》んに自動車が通るので、この患者は、そのブウブウ鳴らす音が耳について堪《たま》らない上に、部屋が註文《ちゅうもん》どおりいかなかった不平もあって、三晩というもの殆《ほとん》ど一睡《いっすい》もしませんでした。

四日目の朝、院長が回診《かいしん》された時、このことを話して苦痛を訴《うった》えますと、院長は慰《なぐさ》めの言葉でも吐《は》くかと思いの外《ほか》、

「そんなに自動車が通りますか、一体何台ぐらい通るか、今夜は一つ数えて置いて下さい。」と言って出て行きました。

何という冷淡《れいたん》な院長だろうと、ムッとしましたが、通る自動車の夥《おびただ》しいことを院長に実証《じっしょう》するには丁度《ちょうど》よいと思い、その晩の十時頃から数えはじめました。が、十七八台まで数えると、あとは分らなくなって眠ってしまいました。

その翌《よく》晩も同じ状態を繰《く》り返《かえ》したのであります。

表通りの騒がしさが気にかからないようになれば、もう悩《なや》みぬいた不眠などは問題ではなくなります。この患者は予定よりも早く治《なお》りました。

以上は実話でありますが、単に医師の機智《きち》をあらわしたとばかり見てはなりません。その中に教えられるものがあるのであります。

これについて思いだされるのは、明治の文豪と云われる高山樗牛《たかやまちょぎゅう》の晩年の悩みであります。やっと三十という若さで博士となり、間もなく肺患《はいかん》で仆《たお》れた人ですが、病の重くなると共に、ひどい不眠に苦しみ、

「もし一晩の安眠を与えてくれる人があらば、自分の有《も》っている一切《いっさい》のものと換《か》えても遺憾《いかん》はない。」

というようなことを、ある雑誌に述べたことがありました。

あれほどの人が、なぜ、気持を転換《てんかん》することができなかったのかと、残念に思います。夜、眠られない——というのが、当時の樗牛の直面している境地《きょうち》であったのですから、それを快《こころよ》く受け容《い》れて、不平不満の心など起さず、自分は今『不眠』と

いう世界の中《うち》に生きているのだと、はっきり認識してしまえばよかったのです。

たとえば、ひどく暑い時、自分はこの暑さの世界の中に居るのだと観念して、暑さに融《と》け込《こ》んでしまえば、焼きつくような炎天《えんてん》の日に砂道《すなみち》を歩いても一向《いっこう》苦にならないのですが、それが対立状態《たいりつ》……政党と政党といがみあうように、暑さと対立して睨《にら》み合いをしては、とても暑さに堪《た》えられるものではありません。不眠もその通りです。不眠との睨《にら》み合いをさらりとやめて、夜になったら本を読むなり、軽い仕事でもするなりして、眠るとか眠れないとかいうようなことは絶対に考えないのです。つまり『不眠』に囚《とら》われた気持を転換《てんかん》しさえすれば、もう大丈夫、その人はぐっすり眠れるようになるものです。

それが自分の力で出来なければ、人にやって貰《もら》う。たとえば、自動車の数をかぞえることを命ぜられて、それに心が転換すれば、不眠を苦にした気持から、わけもなく抜《ぬ》けられることは、前の例話《れいわ》の通りです。

この間、私は突然ひどい神経痛を腹部に起しました。昼は何でもありませんが、夜、寝ると痛みだして来るので、これは、横になることがよくないのだと気がつき、肱掛椅子《ひじかけいす》で寝るようにしました。家人《かじん》は、一晩中、横にもならず椅子に掛けたままでは、さぞ苦しいだろうと心配してくれましたが、私は、これが今の自分として一番よい方法である以上、少しも不足になぞ思っていないから、心配はやめてくれと云って、身動きのできない狭《せま》い窮屈《きゅうくつ》な椅子に掛けたまま眼をつむるのですが、実によく眠れました。そして十日ばかり経《た》って、すっかり全快したのです。

この体験を通して、いついかなる時でも、与えられた境地を喜び、目の前のものを素直《すなお》に受ける——この心構《こころがま》えを忘れてはならないことを感じさせられました。

◇仕事の難易《なんい》

よく人間の一面を穿《うが》った古歌《こか》に、

ここもまたうき世《よ》なりけりよそながら
おもひしままの山里《やまざと》もがな

というのがあります。いろいろ理想の山里を頭に描《えが》いていくから、期待が外《はず》れてどこもかしこも住み憂《う》い世《よ》になるのです。初めから憂き世と腰をすえてかかれば、憂き世もその儘極楽《ままごくらく》である筈なのに、そういかないのが私達の常であります。

いつか松茸《まつたけ》がりに行った時のこと、いくら探しても無いので、人が面白そうに取っているところへ行きましたが、やはり自分の目には見当らないのです。やがて後をふりかえると、私の今までいたところで、他《ほか》の人が探しあてて笑っているのを見たことがあります。

ピクニックなどにいき、いざ弁当を開こうとすると、そこらによごれ物などが散らばっていて座る気になれません。向うは、青々とした草がまるで絨毯《じゅうたん》でも敷《し》いたようなので、そこに行って見ると、絨毯どころか、やはり草が疎《まば》らで、汚《よご》れものなど散乱《さんらん》しているといったようなことは、何人《なんぴと》にも経験があろうと思います。

先年《せんねん》、日本有数《ゆうすう》の大建築と云われる素晴らしい会堂《かいどう》が、それに関係ある幾千《いくせん》という人たちの労働奉仕《ほうし》によってできましたが、その労働をした人たちの体験を聞くと、ある人は、楽に働けて、大して骨が折れなかったというし、ある人は、おもいの外《ほか》の苦しい目にあって参ってしまったと弱音を吐《は》いていました。

その仕事に、楽なのと苦しいのとの二種あるかといえば、そんな区別は絶対になく、皆一様《いちよう》なのです。では、なぜそんなにも違った感じをさせるのか、それは不思議のようですが、畢竟《つまり》、その人たちの心がそうさせるのでありました。どんな仕事でも不足心《ふそくごころ》を出さず、『させて貰《もら》う』という気持で喜んで働きますと、筆《ふで》より重いものを持ったこともない人が、肩《かた》にめり込む重い材木を運んだり、本職の木工《どこう》さえ弱るようなコンクリート練《ね》りをやっても、一日一杯頑張《がんば》りとおせます。ところが、自分の体を庇《かば》って何とか楽な方面にまわろうと才覚《さいかく》する人は、一時間か二時間かで、すっかり弱ってしまうのでした。同じ仕事であるのに、心構え一つで、こんなにも極端に変った感じを起させることを深く考えなければなりません。

◇成功の鍵《かぎ》

世に成功するには『根《こん》』が大事だとは、何《なん》人《ぴと》もいうところであります。しかし、『根』といっても、歯を喰《く》いしばり、苦しい汗を拭《ふ》き拭《ふ》き、じっと一つの事に縋《すが》りついて離れようとしない、痩《や》せ我慢《がまん》であってはなりません。焦《あせ》らず、もがかず、楽々と一つのものに従い、一つところに喜んで居《お》られる、本当の『根』こそは、成功の根源《こんげん》であります。

実業家で『根』の強かった人といえば、先ず第一に安田善次郎《やすだぜんじろう》と、古河市兵衛《ふるかわいちべえ》でしょう。ここには、古河翁《おう》の少年時代の逸話《いつわ》を一つ述べることにします。

銅山王《どうざんおう》といわれ、一代に幾《いく》千万の富を作った古河市兵衛翁が少年の頃、金貸《かねかし》の叔《お》父《じ》の家に寄食《きしょく》し商売の手伝いをしていましたが、この叔父から、何事によらず根《こん》がなければ駄目《だめ》だと教えられました。一日、貸金《かしきん》の催促《さいそく》に、ある百姓《ひゃくしょう》の家にやらされたところ、この百姓なかなかのしたたか者で、こちらの言うことなど耳に入れません。市兵衛少年は、平生《ふだん》の叔父の教えはここだと腹《はら》を決め、金《かね》のできるまで待っているからと囲炉裏《いろり》の傍《そば》に胡座《あぐら》をかいて座りこみました。そして三日たっても、少しも焦《じ》れる様子《ようす》がなく、平気でいるので、さすがの百姓も、

「お前のような根《こん》の強い男にはかなわない、半金《はんきん》だけ返すから、どうか持って帰ってくれ。」

と折《お》れて出ました。そして弁当も持っていないのに、よく空腹を我慢《がまん》し通したものだと呆《あき》れて聞くと、市兵衛少年は、

「なアに、お腹《なか》が空《す》くと囲炉裏の上に吊下《つりさ》げてある、あの昆布《こんぶ》を齧《かじ》っていた。」

と言いました。百姓はハッハッと腹を抱《かか》えて、

「あれは俺《おれ》が持病《じびょう》の疝気《せんき》が起きると、温《あたた》めて睾丸《きんたま》をつつむ昆布だよ。」

と、笑いこけるのです。しかし、市兵衛少年はそれを聞いても別に驚きもせず、

「三日間命をつないで貰《もら》って、有難うございました。」

と、丁寧《ていねい》に礼を述べて帰って行ったというのであります。

この逸話の中に、その時、その場に随《したが》って、少しも焦《あせ》らず、もがかず、一切《いっさい》を喜んで受けて行った少年時代の翁の面目《めんぼく》が生々《いきいき》と見えるではありませんか。翁の大きな成功の鍵《かぎ》は、実《じつ》にこの中にあるのであります。

人間の成功は才能のみによるものではありません。市兵衛翁の成功について見ても、才能のたまものと見るべきは十の三四であって、運命が常に翁の前に、好《よ》き方へ好き方へと廻《まわ》って来たのであります。そして、その運命を好転《こうてん》せしめる大事な鍵は、すべて目の前にあらわれたものを、天の賜《たまもの》として喜んで戴《いただ》くという境地《きょうち》ではなかったでしょうか。——ここに私たちの深く学ぶべきものが蔵《かく》されています。

型《かた》を大きくせよ

◇西《さい》郷《ごう》南《なん》洲《しゅう》の型

畏《おそ》れながら、明治天皇陛下《へいか》が、御晩餐《ごばんさん》に御酒《ごしゅ》を召《め》させられ、興《きょう》の漸《ようや》く発《はっ》したまうころ、しばしば『西郷《さいごう》が西郷が』と仰《おお》せられ、いかにも御追懐《ごついかい》に堪《た》えない御面持《おんおももち》であらせられたとのことを漏《も》れ承《うけたま》わりました。

西郷は錦《にしき》の御旗《みはた》に弓《ゆみ》を引《ひ》いた逆賊《ぎゃくぞく》であります。それを御追懐遊《あそ》ばされたということを承わりますと、かつて、高島鞆之助将軍《たかしまとものすけしょうぐん》の言われた言葉を想《おも》いださずにいられません。それは、

「西南《せいなん》戦争の時、もし西郷に尊氏《たかうじ》の野心《やしん》があったならば、天下《てんか》はどうなったか分らぬ。それは、知ると知らざるとに論《ろん》なく、西郷といえば、皆これを敬《けい》し、これに服《ふく》

したからだ。」

と云《い》うのであります。

西郷には、そういう『人を惹《ひ》きつける、特別な力』があったのであります。そしてその力が、あの維新《いしん》の大業《たいぎょう》を成就《じょうじゅ》させた根源《こんげん》となったことを思いますと、よし事業に大小はあっても、事業というものが、人力《じんりょく》を集め合せてできるものである以上、こういう力は誰しも有《も》っていなければならないのであります。

私は、西郷の有っている、その大きな力は、

『心の型《かた》が無《な》かったためだ』

と思います。なぜ型がないかと言えば、西郷は、まことに天真素朴《てんしんそぼく》の大自然児《じ》であって、一切《いっさい》の人を受け容《い》れ、一切の人に聴《き》く、海のような度量《どりょう》を有《も》っていたからであります。

然《しか》るに大抵《たいてい》の人は、否《いな》、殆《ほとん》ど全部の人は、型を有って居《お》ることは勿論《もちろん》、型に囚《とら》われて身動きのできない状態です。そしてそのために『らしい』という臭味《しゅうみ》がつき纏《まと》

うことを免《まぬが》れません。

軍人らしい、教育家らしい、文士らしい、商売人らしい——というようなのです。軍人を裸《はだか》にして風呂《ふろ》に入れても、軍人らしい感じがその動作からしみ出て来るし、役者《やくしゃ》が海岸で猿股《さるまた》一つになっていても、舞台《ぶたい》の匂《にお》いはとれません。何という文士か、その名は知らなくとも、物を書く人だという感じがピンと響《ひび》いて来ます。

宗教家、政治家、実業家、学者、その他みな同様であります。その『らしい』のつく間は、味噌《みそ》の味噌臭《くさ》いのが上物《じょうもの》でないように、駄目《だめ》なのです。

それが軍人でも大将《たいしょう》あたりまでゆくと、自然の修養《しゅうよう》と、人生の経験とで垢《あか》ぬけがして、次第《しだい》に臭味《しゅうみ》も失《う》せ、軍服《ぐんぷく》をぬがせて鳥打帽《とりうちぼう》に兵児帯《へこおび》をさせると、一見田舎爺《いっけんいなかおやじ》のようになる人もあります。こういうのが、いざとなれば三軍《さんぐん》を叱咤《しった》する猛将軍《もうしょうぐん》に早変りするのだから愉快であります。

◇結局《けっきょく》はただの人

西郷は、若い頃から臭味《しゅうみ》というものは微塵《みじん》もなかったのであります。然《しか》らば、一体、西郷の本領《ほんりょう》はどこにあったのでしょうか。

志士《しし》から一足飛《いっそくと》びに大将参議《さんぎ》になったのですが、大将としては、恐らくこれほど立派な大将らしい大将はなく、百万の将卒《しょうそつ》を、一つ心にならしめる力があったのであります。それでいて軍人臭《くさ》くはなく、舞台が代って参議の椅子《いす》につけば、あくまで国家の重きに任《にん》じ、責任観念《かんねん》の強さは、常にいのちを投げだしていますが、さりとて政治家らしさというものはない。大島流罪中《おおしまるざいちゅう》に禅《ぜん》をやった為《た》めか、『人を相手にせず、天を相手にせよ』などと云《い》っていますが、宗教家臭《くさ》くも、道学者《どうがくしゃ》臭くもない。悟《さと》ったようなことはいうが、また悟ってもいたでしょうが、一向抹香《いっこうまっこう》臭くありません。薩摩飛白《さつまがすり》の単衣《ひとえ》を着て、犬を引っ張《ぱ》っていれば、眼玉の大きい田舎《いなか》男にもなりきれます。

つまり、西郷をはめ込む型《かた》は、どこにもなく、従って又《また》はまるような人でもないわけであります。それでは西郷は何であったかと言えば、結局《けっきょく》、

　ただの『人《ひと》』であった

という外《ほか》はありません。

西洋のある哲学者《てつがくしゃ》は、何々家《なになにか》（たとえば、芸術家、政治家、宗教家）というようなものになる前に、まず人《ひと》になれと言って居《お》ります。西郷は何々家になる前にまず『人』でありました。そして何々家の仕事をしても、あくまで『人』であったのです。だから何の型

というものがありません。水を四角な器《うつわ》に容《い》れると四角な恰好《かっこう》になり、円《まる》い器に容れると円い形になるように、融通自在《ゆうずうじざい》で、こだわるところが少しもなく、どんな人でも完全に受け容れ、完全に調和することができたのです。だからこの人のためには死を辞《じ》さないという青年が、その下に群《むら》がり集まったのも不思議はありません。

◇学生のストライキ

元来《がんらい》、世の中とは、いろいろの心の型《かた》の違った人の集まっているところであります。京都の三十三間堂《げんどう》の仏さんは、三百数十体あり、それが一々顔形《かおかたち》が違っていると言われていますが、人は百人集まれば、百人とも型が違って居《お》ります。そういう人たちと協同《きょうどう》して一つの仕事をしようとすれば、その一々の型とよく調和することが何より肝腎《かんじん》であります。

もし十人の型と完全に調和することができれば、その人は十人を率《ひき》いて頭《かしら》になるか、或《あるい》は十人と力を協《あわ》せて一緒《いっしょ》に仕事をなし得《う》るのですから、その調和し得るのが百人となり、五百人となり、或は千人、二千人といったように、数を増すに従って仕事の舞台が拡《ひろ》がり、舞台で演ずるところが華々《はなばな》しく大きくなります。要するに、その数に比例した成果を挙《あ》げられるのであります。

では、どうすればそのように多くの型と調和して行けるかといえば、つまり自分の型を無くすることであります。即ち、自分の型を大きくし、最後に型を無くしてしまうまでの修業をしなければなりません。それにはなるべく青年時代から始むべきで、年寄《としと》ってできた型はなかなか壊《こわ》しにくいものです。

が、若いうちは、自分の型に囚《とら》われすぎて、他と衝突《しょうとつ》し、他を排斥《はいせき》する場合が多いのです。たとえば学生時代に、人気の好《よ》い先生がその学校を去《さ》ると、よくストライキが起きます。これは、温和《おんわ》型の先生から厳格《げんかく》型の先生に変ったというような際《さい》に起るのですが、学校生活中に、変った性格の先生に接《せっ》することは、他日《たじつ》、世の中へでていろいろの型を容《い》れていく下準備《したじゅんび》ともなるのですから、むしろ感謝しなければなりません。そこで、今までいた先生の温和型にはまり込んだように、新しい先生の厳格型にぴったり合致《がっち》して見るのです。それによって心境《しんきょう》が飛躍《ひやく》し、人物の輪《りん》廓《かく》も大きくなるのですから、ストライキを起して学校に迷惑をかけたりするのは、愚《おろ》かな話であります。

会社、銀行などでも、支配人や課長が変って、今までとはまるで違ったやり方をされると、仕事がしにくいという不平は屢々《しばしば》聞くところであります。しかし、もし同じ上役《うわやく》がいつまでも同じ椅子にいられたら、目上《めうえ》・先輩《せんぱい》といった人の仕事の流儀《りゅうぎ》は、たった一つしか覚えることはできなくなります。それを、いろいろ目上の人を送り迎えて幾種《いくしゅ》かの流儀を知り、また違った人の型とも調和して行ったら、経験も人格も深く豊《ゆた》かになるのであります。

◇一つ一つ型を破ってゆく

先日或る若い会社員が、「自分の課の課長は、いつも灰皿へ痰《たん》を吐《は》くのですが、その音を聞くと、何という汚《きた》ならしいことをする人だろうと不快になって、食べた

ものを吐《は》きだしたい気持がします。」と訴《うった》えました。私はそれを聞いて、こんな豆のように小《ち》っぽけで、金米糖《こんぺいとう》のように尖《とが》っている型もあるものかと驚いたのです。

しかし、世間にはこの痰を気にすると同じように、些々《ささ》たる小事《しょうじ》を思いわずらって、神経を病《や》むような人が少くないのですが、こういう人の前途《ぜんと》には決して光《こう》明《みょう》は輝《かがや》きませんし、その進んで行くべき路《みち》は自分の手によって固《かた》く閉《とざ》されて居ります。それをぶち破《やぶ》ることは、尋常一様《じんじょういちよう》の心構えでは絶対に駄目《だめ》です。では、どうすればよいかというように、課長その人のなす一切《いっさい》のことを喜び容《い》れる――といった心境にならなければなりません。

「自分は、こんなことが気になるような量見《りょうけん》のせまい人間だから、神がそれを改《あらた》めて下さるために、痰を吐くという、行儀《ぎょうぎ》のよろしくない課長をわざわざ私の前に現わされたのだ。」

こう思うのです。そして、この課長のなすこと一切を受け容《い》れるだけの大きな型に変るようにとの神のこころと覚《さと》って、その課長の痰を吐く様《さま》を喜んで見ることに腹《はら》を決《き》めるのです。そうなると、今の今まで厭《いや》がったものが、少しも気にならなくなります。

手広く仕事をしている人たちは、よく「私は毎日毎日、疳《かん》の虫にさわる人に会うのが何よりつらい。」と言いますが、銀行、会社、商店、或は学校等の大勢の集まるところには、えて疳《かん》の虫にさわる人が居るものです。しかし、前にもお話したように、人を嫌うことは、自分の型の小さいことを証拠《しょうこ》だてるのですから、大いに反

省して、その小さな型を打ち破って行かなければなりません。一人厭《いや》な人が現われる度毎《たびごと》に、

「自分はまだこういう人を厭がる小さな型が壊《こわ》れないのか？　これではいかん。」

と心の箍《たが》を引きしめて、進んでその人を好くようにするのです。又厭な人が現れたら、また同じ心構えで努力する、これを絶《た》えず繰《く》りかえしていくのであります。

人の世のおもしろさは、お互の心が鏡にうつるように反映しあうことです。こちらが嫌えば向うも嫌うし、こちらが好きになれば向うも好きになる。この道理をふかく考えて、心の型を一つ一つ打ち破って行く――これを日々精進《にちにちしょうじん》の目標として、すべての人を受け容れる境地にまで達したいと思うのであります。

真剣勝負のはたらき

◇一生の命を懸《か》ける

相撲《すもう》とりが土俵《どひょう》を戦場と心得ているのは、不思議のないことですが、役者も同じように、相当の格《かく》になってくると、一旦《いったん》舞台へ上《のぼ》ったが最後、どんな事が起ろうと、一心不乱《いっしんふらん》に演じて、自分のことなど毛頭《もうとう》考えようとしないのであります。

曾《かつ》て先代《せんだい》の段四郎《だんしろう》が某座《ぼうざ》で、『勧進帳《かんじんちょう》』の弁慶《べんけい》に扮《ふん》し、揚幕《あげまく》をでようとするとき、浅草《あさくさ》が大火《たいか》で、自分の家は今焼けだしたということを耳にしたのであります。幕内《まくうち》の人たちは、気の毒《どく》でたまらず、さぞ演《や》りにくいだろうと同情して見ていますと、弁慶はいつもと少しも変らず、あの長い一幕《ひとまく》を、一分《いちぶ》のたるみもなく、堂々とやってのけた立派さには、ただただ感嘆の外《ほか》なかったということでした。

自宅焼失をも
耳にして動ぜざる
先代飯四郎丈
演技

これこそ本当の真剣《しんけん》というべきでありましょう。

世間では、よく真剣という言葉を使いますが、それは刃《は》のついた刀《かたな》でわたり合う真剣勝負のことをいうのであります。一つ間違えば、生きるか死ぬか分らないので、一生懸命になってやるのであります。この一生懸命というのは、力を入れて働くとか、まじめでやるとか、本気でやるとか、そんなナマヌルい事ではなく、一生の命を懸《か》けることであります。では、その命を何に懸けるかといえば、今やって居《お》ることに懸けるのであります。

今の一刹那《いちせつな》、一分間の心もちが、今日の一日を支配し、今日一日の行動は、その一生を支配するのだと思えば、どんな人でも、これは冗談《じょうだん》じゃない、ぐずぐずしては居られないという気になりましょう。即ち今やっていることが一世一代《いっせいいちだい》の大仕事《おおしごと》であって、生きるか死ぬるかの境《さかい》だと心得て緊張《きんちょう》しなければならないのです。だから、どうしたら『今《いま》』の時間を完全に活《い》かし、有効に用いるかを徹底《てってい》して考えなければなりません。

これはごく卑近《ひきん》な例ですが、朝、目をあけたが、眠《ねむ》い。起きるか起きまいかと蒲《ふ》団《とん》の中でぐずぐずする。この時思いきって飛び起きると、それから眠ったために殺してしまう筈の一時間か二時間かが完全に自分のものになる。その時間が自分を活かし仕事を活かしてくれます。こういう例は日常の生活に非常に多いのであります。

◇喜びが湧《わ》きあがる

しかし、真剣勝負の心がまえと云《い》ったところで、朝から晩まで力味《りきみ》かえることだと思う人があったら、それは大きな間違いです。真剣とは、形《かたち》ではなく、心のすがたをいうので、例えば、商売人が、真剣になるといって、店頭《みせさき》で、眼の色をかえ、声を震《ふる》わして客に対したなら、その店は忽《たちま》ち寂《さび》れてしまいましょう。真剣は、心に湧《わ》きあがる喜びの現れでなければなりません。今、やっている仕事は、自分の身を立てると共に、世のため人のためになることだから、どんなにしても成《な》し遂《と》げなければならぬ——こういう決心であるなら、深い喜びが当然それに伴《ともな》うべき筈でありま す。

屢々《しばしば》お話するように、私たちは世の中の一切《いっさい》の事に喜びを有《も》たなければならないのです。まして自分の仕事には、勤《つと》め人《にん》であろうとも、一本立ちの人であろうとも、深い喜びを以《もっ》てやって行くべきです。もし、その仕事に何の感激もなく、ただ真剣だからといって力《りき》んでばかりいては、早速《さっそく》ひどい疲労がやって来ます。

神経衰弱になったとか、不眠にかかったとか、果《はて》は肺病になったとかいうのは、大抵《たいてい》その結果だということです。

「あの人は、あんなに夢中《むちゅう》になって働いているから、屹度《きっと》成功するだろう。」

などと、世間でよく言いますが、夢中になって働き通したからとて、直《ただ》ちに『成功する』ものと決めるのは独《ひと》り合点《がってん》です。その裡《うち》に喜びが伴《ともな》わなかったら、まず体《からだ》がまいってしまいます。それから、

「あんなに若くて死んだのは、仕事をやり過ぎたからだ、可哀相《かあいそう》なことをした。」

というような同情の言葉なども大抵《たいてい》見当違いで、形の上だけを見て、それが仕事をやり過ぎた結果だと言い切るのは早計《そうけい》です。仕事ぶりが、はらはらするほど激《はげ》しく見えても、その裡《うち》に喜びの心があれば、断《だん》じて体に障《さわ》るものではありません。体を壊《こわ》すのは、仕事が不満足だったり相手に不平があったりして、癇癪《かんしゃく》を起すとか、愚痴《ぐち》をならべるとかするためであります。

だから、どんな場合でも、体《からだ》と心が、ぴったり調和していなければなりません。たとえば、自転車を走らす場合、体がサドルに乗っていても、心が先きへ先きへと馳《は》せていては、何かに衝突《しょうとつ》してはね飛ばされるようなことが起ります。競技場でレースをする場合、ひどくいらだって、心が足より遙《はる》か前の方へと進んでいては、直《じき》に疲れてしまったり、又は躓《つまず》いて仆《たお》れたりするものであります。

桜で名高い武蔵野《むさしの》の小金井《こがねい》に、なにがし学苑《がくえん》というのがあります。国士《こくし》を養成する目的で、午前は学課、午後は百姓《ひゃくしょう》仕事をさせるのですが、誰一人農事《のうじ》の経験などはなく、ただ校長から言われるまま田に入ったり、土を掘ったり、石を搬《はこ》んだりするのです。それがどんなに猛烈な働きぶりであるかは、一人で本職の三人分の仕事をやるというので、ほぼ想像されましょう。世間の教育家が見たら、何という乱暴さだと眉《まゆ》をひそめることでしょうが、その学生たちは、これによって身心を堅固《けんご》にし、人格を磨《みが》きあげてもらえるのだという大きな喜びを以《もっ》て働くため、病気にかかったり怪我《けが》をしたりするものは無く、みんな健康に恵《めぐ》まれて、生々溌剌《せいせいはつらつ》という文字そのまま、とてもすばらしい元気なのであります。

私の社の幹部の一人は、親しくその状態を見て、本当の仕事はこれでなければならぬと言って、社の若い人たちに実地《じっち》見学をさせました。行った人はみんな感激して帰り、

「あれこそ真剣勝負の働きだ。これからは大いにやるぞ！」

と、声を合わして叫ぶのでした。喜んで働くことの深い深い意義を、私たちは忘れてはならないのであります。

◇『蒸《む》す時間』

真剣に仕事をするのはよいが、仕事に囚《とら》われて余裕《ゆとり》がなくなっては困ります。力一杯に一日の働きをなし終ると、休息のための夜が来て安らかに身を包《つつ》んでくれます。この時、手足を一杯に伸ばし、らくらくとした気分で寝るもよく、好きな娯楽をとるのも結構《けっこう》であります。

しかしながら、単に休息のための休息、娯楽のための娯楽であってはなりません。それは、更《さら》に喜んで働くことの出来る準備であってこそ、初めてその休息や娯楽に意義があるのです。

御飯《ごはん》をたく時、よく燃えたったお釜《かま》がふきだしたなら、火加減《ひかげん》を弱めて何分《なんぷん》か蒸《む》すのですが、この間が最も大事で、御飯をたく人は、少しも焦《あせ》ることなく静かにじっとしていれば、その御飯の出来は必ずよいものです。休息は畢竟《ひっきょう》働く前と後の間に挟《はさ》まって、重要な役目をする『蒸《む》す時間』であります。今日一日働いているうちに、面白《おもしろ》くないことがあって、いらいらもすれば、癇癪《かんしゃく》も起した。が、それはいけないことだった。翌日《あす》の仕事に向うまでには、どうしても、不平不足の思いを取り去って、喜ぶ心にならなければ、立派《りっぱ》な仕事が出来るものでない――。そこで休息をしたり、娯楽をとったりして、心もちを『蒸す』のであります。

豊臣秀吉《とよとみひでよし》は、戦争の間によく茶の湯《ゆ》の会を催《もよお》しました。殊《こと》に北條攻《ほうじょうぜ》めの時などは、敵《てき》の籠城《ろうじょう》が長かったので、賑《にぎや》かな催し物などさまざまに工夫《くふう》し、矢玉《やだま》の飛び交《か》う小《お》

田原《だわら》を、一箇《いっこ》の歓楽郷《かんらくきょう》としてしまいました。今なお根府川《ねぶがわ》附近にある広さ二間《けん》四方ばかりの土台石は、秀吉が諸将《しょしょう》を招《まね》いて茶の湯を饗《きょう》したという天正庵《てんしょうあん》の址《あと》だと言い伝えられています。

歴史家は、秀吉はそんなことをやっている時でも、実は素《す》ばらしい大計画をちゃんと腹《はら》の中でめぐらしていたに相違ないと言っていますが、しかし秀吉は、茶の味のなかにすっかり入ってしまって、鬨《とき》の声も鉄砲《てっぽう》の音も聞えなかったことと思います。秀吉の茶の湯は、畢竟《ひっきょう》『蒸す時間』でありました。悠々《ゆうゆう》と釜前《かままえ》に座って、松風《まつかぜ》の音に聞き入る世外《せがい》の一仙客《せんかく》となり得たればこそ、戦場に出てからの懸引《かけひ》き一段と冴《さ》えて、物すごい働きが見せられたのだろうと思います。

他の英雄に求められない秀吉のえらさは、こういうところに見出されます。これは、私たちの日常生活の上においても学ばなければならない点であります。曾《かつ》てある宴会《えんかい》で、酒が盛んにはずんできた頃、私の知人がこんな相談をもちだしました。

「三千円という金を明日中に拵《こしら》えなければなりませんが、どうもいい考えが浮ばないのです。強いて三つの案をしぼり出しましたが……」

と言って、いろいろ説明するのですが、その顔を見ると、ひどく青ざめて神経的にけいれんさえして居《お》ります。その時、私はこう言いました。

「そんな案なんか駄目《だめ》です。今晩のあなたは、ただみんなと一緒《いっしょ》に酒を飲んで朗《ほが》かにさえなればいいんです。」

知人は不思議なことを聞くものだと言うように、しばらくは私の顔を凝視《みつ》めていました。

なぜ私はこんな事を言ったかといえば、仕事をする時は真剣勝負の心がまえで働く。金のいる時は一生懸命になって才覚《さいかく》をする。が、すでに酒を飲むために宴会に来た以上は、万事《ばんじ》をわすれて愉快《ゆかい》に酒を飲んで、唄《うた》の一つもうたうという外《ほか》に、何もあってはならないのです。切羽《せっぱ》つまった問題が起きたからと言って、寝てても覚《さ》めても、そればかりを気にし、真蒼《まっさお》な顔になって考えあぐねるようでは、到底《とうてい》名案が浮び出るものではありません。それは『蒸す時間』がないからです。完全に『娯《ご》楽《らく》』することの出来る人であって、はじめて完全に『働く』人となり得《う》るのです。

働いても真剣になれず、遊んでもそのなかに入り切れない人ほど困ったものはありません。私たちの少年のころ『よく働きよく遊べ』という言葉を、耳にたこのできるほど聞かされたものですが、世に立って群《ぐん》を抜《ぬ》く道は、一見《いっけん》平凡極《きわ》まるこの短《たん》句《く》のうちにあることを、今更《いまさら》のように痛感《つうかん》させられるのであります。

日々《ひび》に新《あら》たなる心構《こころがま》え

◇役者は一日一日が命

私はいつも芝居《しばい》を見て感ずることでありますが、凡《およ》そあらゆる芸術のうち、流れる水に絵を描《か》くよりもはかないものは、演劇《えんげき》でありましょう。一瞬《いっしゅん》前に、観《み》る人の涙を絞《しぼ》らしめ、或《あるい》は腹を抱《かか》えて笑わしめた至芸《しげい》も、一瞬の後《のち》には、すべて消えてしまっているのであります。それを、一ケ月近くも、毎日毎日繰返《くりかえ》して、どうして厭《いや》気《き》がささず、緊張を欠くこともなく演《や》って行かれるのでしょう。私はいかにも不思議なことに思い、最近これを俳優の市川猿之助《いちかわえんのすけ》氏に訊《ただ》しますと、氏は、九代目團十《だんじゅう》郎《ろう》が、後進《こうしん》を戒《いまし》めた言葉を聞かしてくれました。それは、

「役者は、一日一日がいのちなのだから、しぐさやせりふは、覚えて忘れろ。」

と云《い》うのです。さすがは一代の名人の深い訓《おし》えだと感服《かんぷく》させられました。
猿之助氏はこの言葉の意味を、次のように解《と》いてくれました。
「私は今舞台で、幡随院長兵衛《ばんずいいんちょうべえ》の子分《こぶん》の唐犬権兵衛《とうけんごんべえ》になって、憎《にっ》くい水野十《みずのじゅう》郎左衛門《ろうざえもん》の飼犬《かいいぬ》をなぐり殺して来たところです。権兵衛が犬を殺すことは、恐らくその一生に一度よりなかったかも分りませんし、その時、怒鳴《どな》りちらす言葉も、一生に一度しか言わなかったものかも知れません。このことを頭の中において、毎日舞台に出ますと、その日初めてその役に扮《ふん》したような新しい気持になり、緊張してやることが出来るのです。」

なるほど、唐犬権兵衛が犬を殺すことは、彼にとって、一生に一度よりなかったのでしょう。それに扮する俳優がその心になって、毎日毎日、初めて犬を殺すのだと、はっきり自覚して演《や》ったならば、今日《こんにち》の舞台の権兵衛は今日《きょう》生れた権兵衛であって、昨日《きのう》の権兵衛でないことになります。

そうして見れば、私が、俳優は流れる水に絵を描くような果敢《はか》ない仕事を繰返《くりかえ》しているのだと思ったのは、大きな間違いであることに気づきます。即ち俳優は一日をいのちと心得《こころえ》、毎日毎日、新しい舞台を踏《ふ》む意気で登場するのですから、二十日演《えん》じつづけるとすれば、二十個の権兵衛の塑像《そぞう》をつくるのであります。そして、その塑像を二十個ならべて見たところで、一つも同じ出来のものの ある筈はありません。

ここに新しい芸術を創造していく芸術家の喜びがあります。同時にすべての人が、この心を以《もっ》て一日一日を緊張して行く——これこそ、私たちが寸時《すんじ》もわすれてはならぬ大事な心構えであります。

◇『初《はつ》物《もの》をいただく』

ある地方に、当年丁度《ちょうど》九十歳になって、しかも若いものを凌《しの》ぐほどの元気なお婆《ばあ》さんがあります。長寿《ちょうじゅ》の秘訣《ひけつ》といったものを聞いて見ましたところ、そんなものは何もないと、にこやかに笑うだけでした。

それを、その家《うち》の人に尋《たず》ねますと、ただ一つ、よその人と変っていますのは、三度の食事の際《さい》、一口毎《ごと》に、おいしいおいしいと喜んで食べて、

「ああ、また初物《はつもの》をいただきました。」

と言うことです。小さな子供たちは、またはじまったとからかいますが、お婆さん平気なものです。一日三度同じものでも、やはり「ああまた初物を……」と言って喜びます——家の人は笑いながら、そう話してくれました。

それは食べ物ばかりでなく、あらゆるものを大切にして微塵《みじん》も粗末《そまつ》にせず、どんなものに対しても不足心を出さないことが肝腎《かんじん》です。私は更《さら》にお婆さんの若い時の仕事ぶりは何《ど》うでしたかと聞くと、それはそれは物凄《ものすご》いばかりの稼《かせ》ぎようで、村で誰一人追《お》いつくものはなく、而《しか》も元気で朗《ほが》らかで、ニコニコしながら働いたというのです。私は膝《ひざ》をうって成程《なるほど》なアと感嘆せずに居《お》られませんでした。

一切《いっさい》を初物としていただく心持は、かの俳優たちが一日一日の舞台をいのちとして働くのと同じであって、その潑剌《はつらつ》たる神経と精神とは、常に自分を新しくて、いつまでも老《お》いしめないのでありましょう。

故人になった渋澤榮一《しぶさわえいいち》、大倉喜八郎《おおくらきはちろう》、古河市兵衛《ふるかわいちべえ》、浅野總一郎《あさのそういちろう》など、八十、九十の高齢《こうれい》まで働き通した大実業家たちが、老いて老いを知らないあの逞《たくま》しい力を長く保って行ったのは、やはり一切を初物としていただく心があり、それが、どんな場合にも、どんなものに対しても、新しい味を味わいだす舌《した》と、新しい意味を見出す眼とを働かせ、日《ひ》に新《あら》たにして、また日々《ひび》に新たなる全身全力的な仕事をさせたのであろうかとおもいます。

◇五十歳は青年

以上の大実業家たちのうち、私の面識《めんしき》あるのは浅野總一郎氏だけで、ある年の某《ぼう》新年会に同じ卓子《テーブル》で食事を共にしたのですが、その時八十に手が届《とど》きそうだった翁《おう》は、次のようなことを私に話されました。

「大抵《たいてい》の人は正月になると、また齢《とし》を一つとってしまったといい、殊《こと》に相当の年配《ねんぱい》になると正月の来るのを恐《こわ》がる人が多いようだが、そんなことを問題にすると、早く年がよって老いぼれてしまう。この世の中は、一生勉強していく教場《きょうじょう》であって、毎年毎年、一階ずつ進んで行くのだと思えば、年をとるのは、少しも厭《いや》な気などしなくなる。もちろん勉強といっても学問ばかりでなく、商売、事業、官署《かんしょ》のつとめ、会社の仕事。何でもかんでも世の中に遅れまいと自分を研《みが》きあげて、いつも社会の第一線に立つことを心がけるのだ。

そういう真剣な心構えでいると、毎日のように新しい事を教えて貰《もら》える。即《すなわ》ち毎日毎日、世の中という大地《だいち》から、自分を培《つちか》ってくれる栄養を吸収していけるのだ。それが積み重なって一年に達した時、『人生学の教場』の一学年を卒《お》えたものとして、新しい年という一つの階段をのぼらして貰《もら》う。

が、私にとってはこの『人生学の教場』を卒業するのはまず百歳だろうと、ちゃんと腹にきめている。昔から、『男の盛りは真《ま》ッ八十』といっている。あなたは（私を指《さ》して）五十代だそうですが、五十などは本当の青年ですよ。大いにおやりになるんですな。」

この意味のことを、大きな声で滔々《とうとう》とまくし立てられました。

私はその時、翁が、よく食《くら》い、よく語り、よく笑うその素晴しい元気を傍《そば》で見ていますと、私など文字どおりの青年であって、自分たちの人生はこれからだという感じを強めさせられたのであります。

◇人生の基礎工事

昔から、『人生五十』といい、そして五十になれば人間はもうお仕舞《しま》いであるかのように決めてかかり、大抵《たいてい》の人は——殊《こと》に地方の人は——五十になると、すっかり衰《おとろ》えてしまうのが殆《ほとん》ど常であります。何という誤った考えを持ちつづけてきたことでしょう。私たちの心は、一切《いっさい》のものを実現し得《う》る力を有《も》っています。こうと本当に決めてかかれば、それは必ず形の上に現われるものであります。だから、自分は五十だ、もう駄目《だめ》だと決めてかかれば、その通り駄目になってしまいます。

人生五十とは、人間は五十から本当の仕事ができるという意味であって、二十代から三十代四十代までは、畢竟《ひっきょう》、その基礎工事をするのであります。例えば、東京も下町の地下は、まるで泥《どろ》の海のような有様ですが、そういうところに八階十階の高層建築をする時には、地下の基礎工事に二年三年という長い時日《じじつ》を費《つい》やさなければなりません。それと同じように、人生のはげしい生存競争に堪《た》え得《え》られる大建築の土台をつくるに二十年三十年を要するのは、当然というべきでしょう。そしてその土台ができあがり、愈々《いよいよ》本工事にかかるのは五十歳――十分な経験を積み、思慮《しりょ》も熟《じゅく》し、世の中の知識も豊かになった五十からであること、これ亦《また》当然であります。

そうとすれば、『人生五十』という言葉には、悲観的の意味などは少しもなく、むしろ輝《かがや》かしい希望が溢《あふ》れていることを知らなければなりません。

五十にして尚《なお》そうであります、三十代で意気衰《おとろ》え、四十代で将来を悲観するようなことでは、人生の劣敗者《れっぱいしゃ》という運命を背負わされること勿論《もちろん》であります。若い人のなかには、自分の前途《ぜんと》はあまりに遠い、それを思うと、働く気力も衰えてしまうなどと、弱音《よわね》を吐《は》く人もあるようですが、しかし五年の後《のち》、十年の後などを思いわずらったところで何になりましょう。人生は畢竟《ひっきょう》、今日一日の連続に過ぎないではありませんか。然《しか》らば、今日一日を喜んで迎える、今日一日真剣な気持で行こう——ただこの決心を以《もっ》て、来る日来る日を働いていくこと、かの俳優たちのようだったら、世の中はどんなに愉快で、そしてどんなに有意義でありましょう。

一《いち》人《にん》一《いち》業《ぎょう》であれ

◇琴《こと》と下《げ》駄《た》

明治の俳聖《はいせい》といわれた正岡子規《まさおかしき》に、

花桐《はなぎり》の琴屋《ことや》を待《ま》てば下駄屋《げたや》かな

という句があります。

一本の桐《きり》の木がある。もう可《か》なり大きくなったので、いずれ何処《どこ》かへ売られるに違いない、売られる先きは琴屋であってほしい。自分は是非《ぜひ》琴になりたいと念《ねん》じていたが、ある日のこと、足元《あしもと》で主人が商人らしい男と頻《しき》りに掛合《かけあ》っている。さてはいよいよ売られて行くのだなと思って、よく見るとその男は、意外にも下駄屋であった。ああ自分は下駄にされるのかなアと、嘆《なげ》いたという句の意味であります。

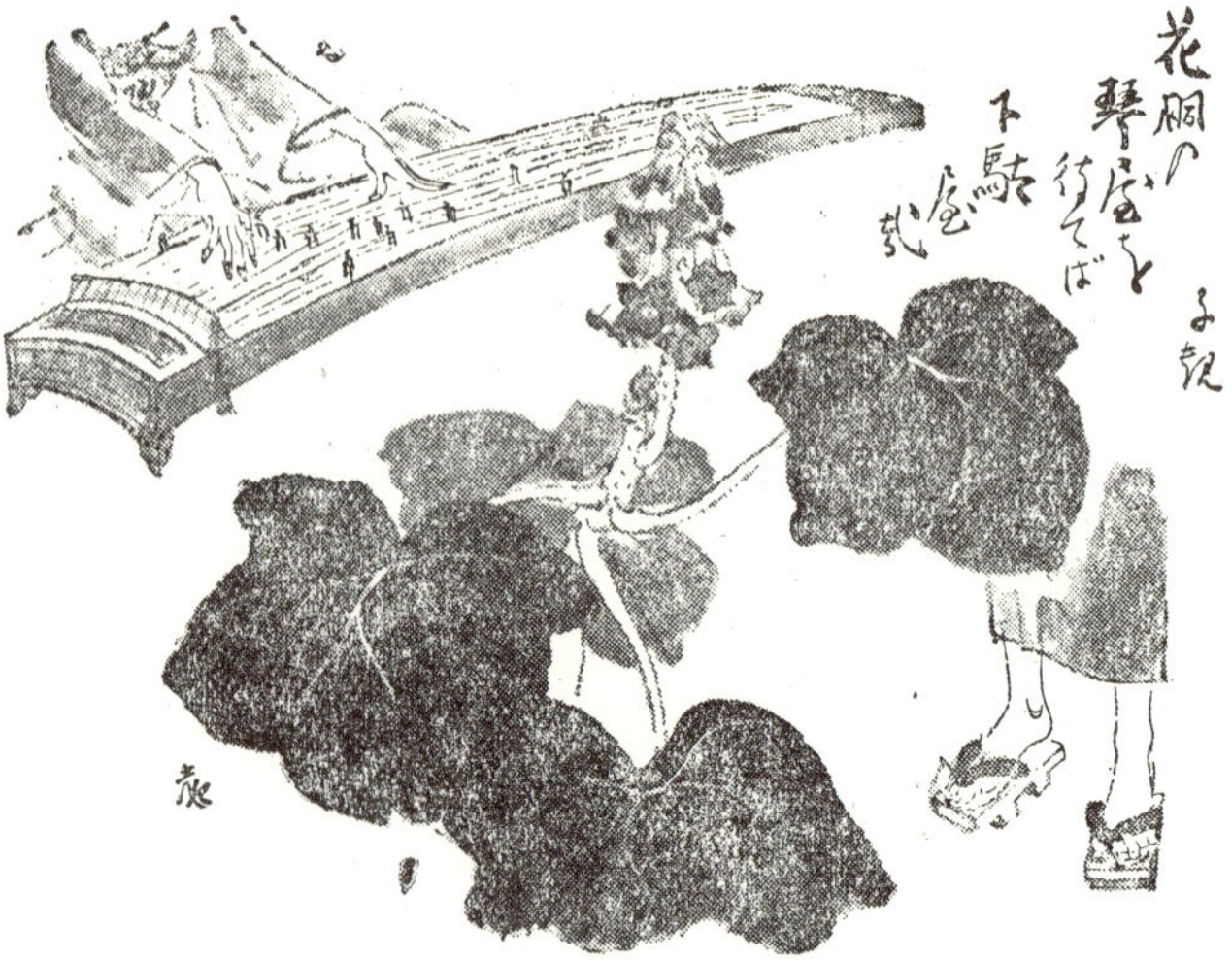

琴となって十三絃《げん》の糸に飾《かざ》られ、妙《たえ》なる音色《ねいろ》をかなでだすことの好《この》ましいのは勿論《もちろん》ですから、この桐の木の述懐《じゅっかい》も無理《むり》とは思いませんが、しかし下駄となって、人の足を望むままに運ばしてやることも、桐の木の本懐《ほんかい》であるべき筈です。

琴となるも　下駄となるも、その樹《き》の性質やいろいろの条件があって、運命が決るのですから、琴は下駄の境遇を卑《いや》しんではならないし、下駄はまた琴を、徒《いたず》らに羨《うらや》ましがってはいけません。どちらも、自分の性能《はたらき》がここにあるのだと自覚して、その全力をあげ、その職分《しょくぶん》に生きる覚悟が大事であります。

◇自分の性能《はたらき》を自覚せよ

凡《およ》そどんな人でも、他《ほか》に見ることのできない、一つの特殊《とくしゅ》な性能《はたらき》を有《も》っています。即ち天分《てんぶん》であります。これは、その人でなければ見られないものであって、世界の二十億近い人間のうち、同じ顔が二つとはないように、同じ性能も二つとはないのです。海岸の無数の砂粒《すなつぶ》でも、見わける人があったら一つ一つ違っている筈です。だからその天分ばかりは親子兄弟でも、互《たが》いに融通《ゆうずう》しあったり交換しあったりすることのできないのは当然でありましょう。

世の中に立とうとするには、何を措《お》いても、自分は、どんな天分に恵まれているかを知ることが肝要《かんよう》であります。若いうちにはそれを知ることは容易でありませんが、自分でよくよく考えて見ることは勿論《もちろん》、先輩に聞き、家族にただし、友人にはかり、その他の方法で、間違いのないところを選ぶべきです。それには、東京に性《せい》能検査所《のうけんさじょ》というのがあって、中学生くらいの年齢《とし》の人の性能《はたらき》をしらべて、どんな職に適するかを判断してくれるそうです。私は詳《くわ》しくは知りませんが、多少の参考になるかと思います。

既《すで》に自分の天分を知り、自分に適する天職《てんしょく》をえらんだ以上は、全身全力をそれに挙《あ》げて努力しなければなりません。どんなに豊かな高い天分をもっていても、それを錬《ね》り鍛《きた》えて、完璧《かんぺき》に近《ちか》からしめようとしなかったなら、折角《せっかく》の天分を殺してしまうことになります。

然《しか》るに、あの仕事は儲《もう》かりそうだとか、彼処《あすこ》は俸給《ほうきゅう》が多く貰《もら》えるとか、そういう目前《もくぜん》の利益のみを考え、幾度《いくど》も職業を換《か》えて、幾度も幾度も初めから出直《でなお》さなければならない人が多いようです。それは、どんなに時間を無駄《むだ》にし、精神を疲《つか》らせることでしょうか。私たちは一つのことをやって居《お》っても失敗しがちであります。それに屈《くっ》せず、七転《ななころ》び八起《やお》きの意気で、即ち七回転《ころ》んでも八回目に敢然《かんぜん》と立ちあがって初めて目的物を掴《つか》み得《え》られます。一つのことをやるにさえ、それだけの根気がいるのに、甲《こう》から乙《おつ》へ、乙から丙《へい》へと転々《てんてん》していては、結局何も得《う》るところなく、一生を浪費しつくして、菊池寛《きくちかん》氏の『父帰る』劇の父のような、みじめな姿を晒《さら》さなければならないことになります。

一つの技術を、その奥の奥まで窮《きわ》めるには、なかなか五年や十年のことで追いつくものではありません。支那人《しなじん》の中には、璞《たま》を研《みが》くに親《おや》から子に伝え、子から孫に伝えて、完成するものさえあると聞きました。自分を研くということは、全く難中《なんちゅう》の至難事《しなんじ》であります。

先年《せんねん》、田舎《いなか》で俥《くるま》に乗ったところ、でこぼこ道なのに大層《たいそう》乗り具合《ぐあい》がよいので、車《しゃ》夫《ふ》に、君の俥はどうしてこんなに乗り心地《ごこち》がいいのかと聞きますと、

「私は二十年から俥を挽《ひ》いて居《い》ます。十年挽いて先《ま》ず一人前の車夫ですが、この呼《こ》吸《きゅう》は二十年以上毎日挽かないと分りません」

と申しました。ただ俥を挽くという極《きわ》めて単純なことでもそうであります。その他の事は推《お》して知るべきでありましょう。

◇くり返すということ

生理学によりますと、人間の大脳の細胞《さいぼう》は、一つの現象《げんしょう》に逢《あ》うと、それだけ一つの皺《しわ》を刻《きざ》み、同じ現象に逢えば逢うほど、その皺は深くなって、自然にその人の性格、性情《せいじょう》を形づくることになるそうです。それは単に量に於《お》いて増すばかりでなく、質に於いても深くなって行って、いろいろの仕事の上に、新工夫を出《いだ》し、新生命を創《つく》ることになるといって居《お》ります。

繰返《くりかえ》すことには、退屈《たいくつ》が伴《ともな》うように思われるかも知れませんが、実際に於《お》いては決してそんなことはなく、同じことを繰返すところに進歩があって、それに興味が伴うものであります。

それは単に技術ばかりでなく、政治・実業・学問、皆おなじことであります。私は十九歳のとき出版《しゅっぱん》の仕事を始め、それから四十年近くにもなりますが、今なお、日一日《ひいちにち》、嘗《かつ》て知らなかったことを知り、かねて考えねばならなかったことも考え出

さして貰《もら》います。そうして幾分《いくぶん》かずつでも、仕事の範囲《はんい》なり容積《ようせき》なりを拡《ひろ》げていけることを喜んで居ります。

然《しか》るに、世の中には、二十も三十もの会社の重役になっている人がありますが、何だか正体の知れない怪物のような気がします。こういう人の中には、責任のある自分の会社の名を全部記憶していないで、時々滑稽《こっけい》な失敗を演《えん》ずることがあるという、嘘《うそ》のような話も聞かされます。

又、政治家の中には、新しい内閣ができるとき、只《ただ》求めるものは大臣の名であって、どんな椅子《いす》をふられるかは、必ずしも問題でないような人もあります。だから折角《せっかく》大臣になることができても、それが、少しも知識や経験のない方面である場合には、議会で質問を受けても答えることができず、大勢の見る前で、醜態《しゅうたい》をさらす例も珍らしくありません。大臣になったばかりで男を下げるなぞは、何という気の毒なことだろうとさえ思われます。

それに比べて、局長・課長などの中《うち》に、専門の研究をかさねて知識も経験も深く、その省《しょう》の中堅となって、おのずと光りを放《はな》っている人を見ますと、深い尊敬を払わずにはいられません。

◇本当の働きは十三ヶ年

日本人の平均寿命は四十二歳といいます。或る人が、この寿命を大まけにまけて六十歳としましたが、丁年《※ていねん》までは、一生の方針の未《いま》だ立たない、少年の準備期であるとすれば、残りは四十年です。その三分の一は睡眠に費《つい》やし、他の三分の一は、食事、休養、雑事、交際、その他に費やし、あとの三分の一だけを、自分の職分《しょくぶん》に尽《つ》くすことにすれば、本当に天分《てんぶん》を発揮《はっき》する時間は十三年なにがしに過ぎないことになりましょう。

※丁年＝満二〇歳

人はみな身心の発達を異《こと》にしますから、そんな勘定《かんじょう》にこだわる必要はないのですが、人生の真に働く時間の幾何《いくばく》もないことは事実であります。然《しか》らば、その短い歳月こそ、分秒《ふんびょう》の間《ま》も惜《お》しむべきものなのに、一人で二三、もしくは四五の仕事に手を染《そ》める人が少なくないのであります。そんな人は屹度《きっと》老年になってから、日暮《ひく》れて道遠《みちとお》しという歎《たん》を発《はっ》するに相違ありません。

殊《こと》に人間の仕事は、必ず世の中相手のものであって、世の中がなくては仕事も成り立たず、自分も立ちゆきません。そこから信用という言葉が生れてくるのであります。一人一業《いちにんいちぎょう》主義で、その仕事に深い専門的知識をもって、よく熟練した人であったら、世の中はそういう人を利用せずにはおきません。これが、事業を完成し、自己を立派に仕上げるにあたって、最も大きな力となるのであります。

人間に文化あって以来幾千年間《このかたいく》というもの、私たちの先輩が、皆それぞれの事に生命をささげて研究し、精練《せいれん》して来た結果を受けついでいき、これに何か、私たちの力で出来る新しいものを付け加え、それをまた子孫に残し、永遠にこの人類の文化を進めていかなければなりません。この先輩の遺業《いぎょう》を理解するだけでも、容易ならぬ努力であります。その上に自分のものを生み出そうとするには、一生を挙《あ》げてもなお足《た》りないものがある筈であります。

ここにおいて私は、一人《いちにん》必ず一業《いちぎょう》であれ！　何を好んで、甲《こう》をながめたり、乙《おつ》に迷ったり、浮草のような真似《まね》をするのか、と警告せざるを得ないのであります。

求めずして与えらる

◇儲《もう》けようと思わないで儲ける

世の中に、

「私は、金を儲けようなどと思って商売しているのではありません。」

「私は、出世《しゅっせ》をしようなどと思って仕事をしているのではありません。」

という人があると言ったら、そんな酔狂《すいきょう》な人間が、このせち辛《がら》い世の中にあるものかと、一笑《いっしょう》に附《ふ》されましょう。しかし、そういう人は確かにあります。あるどころでなく、金を儲けようと思わないと言って大いに儲けている人、出世をしようと思わないと言って大いに出世した人を、この耳で確かに聞き、ふかく驚きもし、又感心もさせられたのであります。

第一の金を儲けた人のことは、関西から帰った私の知人の土産話《みやげばなし》の一節《いっせつ》であります。

それは、次のような話でありました。

× ×

「神戸の銀座といわれる××通りにMという靴屋《くつや》がある。そこで靴をたのんだが、店にレントゲンの機械を据《す》えつけ、客の足の骨格《こっかく》を見て、靴がピッタリはまるようにつくっている。どういう人の考えなのか知らないが、こんな設備までして、客に満足を得させようというのは、実に感心なことだと思い、店の様子を見ていると、客はひっきりなしに入って来る。それに接する主人夫婦はもとより、店の人たちの態度が実にいい。かゆいところに手が届《とど》くという親切ぶりで、自然、店全体に和《なご》やかな空気が流れているように思えた。

帰りに、自分を案内してくれた友人に、この店のことを聞くと、場末《ばすえ》の小さなところで長い間せっせと働いていたのが、昨年思いがけなくあんな処《ところ》に立派な店を開いたので、これにはみんな驚いたようだった。そこで店主に、

「どうしてここまで発展するような金ができたのか？　少し秘伝を教えて貰《もら》いたいな。」

と、冗談《じょうだん》まじりに聞くと、その答えが変っている。

「よく、そういうお尋《たず》ねを受けますが、実は私もどうして金ができたのか分りません。大いに儲けてやろうなどと考えたことは、唯《ただ》の一ぺんもないのに、何時《いつ》の間《ま》にか金ができたので、ここに越《こ》してまいりました。」

「儲けよう儲けようとあせっても、儲からないのは金だ。儲けようとも何とも思わ

ないのに、金が溜《たま》ったなんて、冗談はよし給《たま》えよ。」

と言うと、店主は、

「では、儲けようと思ってかかれば、金は必ず儲かるのでしょうか。」

と、鋭《するど》く一本《いっぽん》突《つ》いてから、次のように言うのです。

「私は靴屋です、靴屋の仕事というものは、お客さんが十分満足のいくような良い靴をできるだけ廉《やす》くして上げることです。私はこの念願《ねんがん》一つでやって来ました。軍人が国家のために働かれる気持と大して変りはないつもりです。すると、いつの間《ま》にか思いがけない金ができました。それは皆お客さんから戴《いただ》いたものだから、もっと広いところで店を大きく張《は》って、ますますお客さんの便利を計《はか》らなければならないと考え、ここに出て来たのです。

私は、店を維持《いじ》するだけの金を戴けばそれで沢山《たくさん》ですから、余《あま》ったものはお客さんにお返しするつもりで、いろいろ奉仕の方法を考えています。」

これには、私の知人も一言《いちごん》なかったそうですが、聞いた私もおのずと頭の下《さが》る思いがしました。

◇相手の立場になって

人はそれぞれ立場を有《も》って居《お》ります。夫《おっと》は夫の立場、妻は妻の立場というように、社長と社員。店主と店員。商売ならば買う人と売る人。皆それぞれの立場がありま す。人はその立場立場に於《おい》てまことを尽《つく》すべきものでありますが、自分の足元《あしもと》のみ見つめて、人の立場を顧《かえり》みようとせず、わがまま一杯なやり方をすると、信号を無視して自分勝手に走る自動車が、ひどい事故を起すように、不幸災難に逢《あ》わなければなりません。

殊《こと》に商《あきな》いの有様を見ていますと、時々浅ましくさえなります。売る方は、何とかして実質以上にその品を見せかけて少しでも多く儲けようとし、買う方は、欺《だま》されないよう、誤魔化《ごまか》されないようにと警戒《けいかい》し、いくらかでも安く買うように隙《すき》を覗《うかが》う。まるで仇《かたき》同士が睨《にら》みあっている有様《ありさま》です。

凡《およ》そ世の中にこれくらい間違った話は、多くありますまい。買う方は、売る人の労苦を察してやるのが本当だし、売る方は、買う人の求めているものを満《み》たしてやるという仕事に精一杯《せいいっぱい》の努力を捧《ささ》ぐべきです。言葉を換《か》えて云《い》えば、お互に相手の気持を考えてやる――ということになります。

神戸の靴屋さんは、まさしく自分の立場を超越《ちょうえつ》して、「どうすれば相手に奉仕《ほうし》ができるか、それのみを考えている人であります。そして金を溜《た》めようと思ったことがないと云《い》っているのは、これこそ商売道の極意《ごくい》でなければなりません。

それは、金を溜めようと思って商いにかかるのは実に剣呑《けんのん》だからです。溜まるのが嬉しくなると、さもしい根性《こんじょう》が出て来て、やすく売れば売れるものを、高く売って多く儲けようとする浅ましい心が起ります。そうなると商品そのものに全心全力を挙《あ》げるという一番大切なことがお留守《るす》になります。商売冥利《みょうり》を忘れては、商人《あきんど》は立って行けません。

と言って、金を溜めてはならないと言うのではなく、客への奉仕を主眼に、誠実をつくして仕事をすれば、使っても使っても金は殖《ふ》え嵩《かさ》んで来ます。これは無理にためるのではなく、おのずとたまるのです。こういう金こそ、その人を愈々《いよいよ》大きく太《ふと》らせるものであることは、この靴屋さんの話で、はっきり分って貰《もら》えることと思います。

◇出世《しゅっせ》を考えないで出世する

某《なにがし》の大会社の工務部に働いている一社員、仮《か》りにH氏と呼びましょう。その青年は、人の厭《いや》がる極《きわ》めて面倒《めんどう》な仕事を引受けていました。昨年の暮《くれ》のことですが、非常に忙しくなったので社員総居残《いのこ》りという命令が下《くだ》りましたとき、工務部の部長は、午後六時の平常《ふだん》の退社時間のあとで部下の勤務ぶりを見ようと工場内を巡視《じゅんし》しました。

するとと、彼のHは、何かしきりに書いて居《お》ります。それを見た部長は、

「君は自分の仕事をやっているんじゃないか。」

と尋《たず》ねました。居残りの時、秘《ひそ》かに内職《ないしょく》をやっているものがあると聞いて憤慨《ふんがい》している部長は、いつもむッつりしてお世辞気《せじけ》のないこの男を快《こころよ》からず思ってもいたので、ついこんな言葉も出たのであります。ところが意外にも、

Hは

「ハイ、私の仕事であります。」と、平気で答えたまま、部長の方をふり向こうともせず、セッセと仕事を進めて行くのでした。

　翌日、社長の出社と見るや、待ち受けていた部長は、早速《さっそく》社長室に行って、

昨晩のHの態度を話し、あんな図々《ずうずう》しい男をうち棄《す》てておいては、多数の社員によくない影響を及ぼすから、しかるべく処置《しょち》を願いたいと中出ました。

そこで社長は、Hを喚《よ》び、工務部長の言われたことについて訊《ただ》すと、

「御言葉どおり、自分の仕事をやって居りました。」

といいます。社長は、

「それは一体どういうことか。君は会社にいて会社の仕事をしてはいないのか。」

と、言葉つよく詰問《きつもん》しました。するとHは、

「私には、会社の仕事、自分の仕事という区別はありません。私がやっている以上、一切《いっさい》自分の仕事であります。」

そして更《さら》に言葉をつぎ、

「昨晩、全部やりおおせなかったので、急ぎの仕事ですから、自宅へ持って帰り、夜中《よなか》までかかってやっと仕上げました。会社も自宅もどちらも、私の家《うち》に変りがありませんから、会社の仕事を持って行っても、お叱《しか》りはなかろうと思いました。」

こういって、自分の席から書類をもって来て、社長に見せました。まさしく二日分の仕事です。社長はひどく感心して、

「君はどんな心持で、そうまで仕事に熱中《ねっちゅう》されるのか、話して見て貰《もら》いたい。」

と聞きました。

Hはしばらくためらっていましたが、社長の重ねての言葉に、思い切って次のように述べました。

「私の仕事は、全部天から与えられたものと思っています。だから今日《こんにち》まで会社の仕事をするという心持で仕事をしたことは一日もありません。

よく人が会社のために働くと申しますが、そういう心でいるから、月給やボーナスの多い少いを問題にしたり、様々《さまざま》のさもしい話をする人が出るのだと思います。私は自分の尊《とうと》い仕事を金銭で会社へ売る気にはなれません。会社は、私の仕事をする家ですから、唯《ただ》せっせと働くだけであります。」

語る人、聞く人、共にその顔に緊張《きんちょう》の色が漲《みなぎ》って居りました。

その年があけた正月の元旦、この会社では、例年のように全社員を一堂に集めて、社長の訓示がありましたが、その中にHのことに及んで、

「こういう社員を発見したことは、自分のこの上もない喜びであります。そこで全社員の模範《もはん》として、かくかくの位置に抜擢《ばってき》することにしました。」

と、申渡《もうしわた》されたのであります。

満場粛《しゅく》として、暫《しばら》くは咳《せき》の音一つしない厳《おごそ》かな光景《こうけい》だったそうです。そして、Hの新しい地位は、思いきった抜擢だったのでしたが、誰一人、不平を云《い》うものがなかったと聞くにつけ、徳《とく》は孤《こ》ならず必ず隣《となり》ありという言葉どおり、一人の社員のすぐれた言動が、どんなによき刺激《しげき》を全社員に及ぼしたかは、想像にあまりあると思います。

昔も今も、世の中に立って頭をあげた人の事蹟《じせき》をしらべて見ますと、その人たちは、必ず自分本位《ほんい》の振舞《ふるま》いをしなかったということを発見します。店員だった頃は、その店のため、社員時代は、その社のため、独立してからは世のため人のために、

懸命のまこと、、を捧《ささ》げて働き、人の上に立つようになっては、その下の人たちを慈《いつく》しんでやると共に、社の発展のために全力を捧げたということに一致して居ります。

私はH社員の前途に、その社長と共に大きな期待をかけて、将来の大成《たいせい》を楽しんで待つものであります。

転《ころ》んでもただ起きるな

◇『成功』の土台たる『失敗』

世間でよく、『七転《ななころ》び、八起《やお》き』という諺《ことわざ》が言われます。これは、七も無数、八も無数を意味し、たとい一代《いちだい》に何べん、何十ぺん転んでも、へたばってしまわず、転んだ途端《とたん》、すぐに起き上る工夫《くふう》をせよという教えであろうと思います。

これは、必ず一生涯《いっしょうがい》に幾度《いくど》も失敗し、その失敗を善用《ぜんよう》してそれに勝ちぬいた人が、その苦《にが》くして而《しか》もまた喜ばしい体験を、そのまま告白《こくはく》したものでありましょう。

凡《およ》そ世の中に『失敗』という最も大切な栄養分を吸収せずに、自分をよく生長させた人はありますまい。極言《きょくげん》すれば、失敗の度毎《たびごと》にそれを最も善用し活用した人が、本当の成功者でありましょう。然《しか》らざるかぎり、その成功はいかに華々《はなばな》しくとも、一時的のものに終り易いのであります。

たとい商業学をその道の大家から教えられ、商機《しょうき》を摑《つか》む方法をその方の経験家から授《さず》かっても、それを実際に行《や》って見ると、なかなかうまくいかないで、失敗に帰《き》する場合が多いのであります。

そのとき、なぜ失敗したか。失敗せざるを得なかった自分の手ぬかり、工夫の不十分、或《あるい》は機転《きてん》の悪さ、運用方法の拙《つたな》さ、商機を察するの浅さ、等々《とうとう》がなかったかということを委細《いさい》に反省し、考察《こうさつ》し、再びそんなことの来たとき、前轍《ぜんてつ》を踏《ふ》まぬだけの用意がちゃんとあってこそ、次第に成功の土台を築《きず》き上げていくことができるのであります。

もしそうでなかったら、どんな教《おしえ》も、指導も、畳《たたみ》の上の水練《すいれん》に過ぎないことになりましょう。私の知れるかぎり、何等《なんら》かの方面に於《おい》て秀《すぐ》れた仕事をしている人は、みなさまざまな失敗談の持主であります。

私は、多くの人の浮き沈みを見て居りますのに、さんざん失敗の苦《にが》い味を嘗《な》めて、

而《しか》も屈《くっ》せず、めげず、あくまでそれを利用し活用して来た人のみが、不抜《ふばつ》の地盤《じばん》に立って、どんどん進展し繁栄《はんえい》していくようであります。

碁《ご》、将棋《しょうぎ》の如《ごと》き、いわば遊技《ゆうぎ》に属するものであっても、昇進して段位《だんい》にでもなろうとおもう人は、敗《ま》かされたことが、直《ただ》ちに昇進の路であって、敗かされてはじめて、本当の『手《て》』を工夫《くふう》し、敗けて敗けて敗けぬいて、遂《つい》に奥《おく》の手《て》が分るところまで行けるのであります。剣道の如きも、叩《たた》かれることが、真《しん》の上達の道だと聞きました。

横綱の男女《みな》ノ川《がわ》が、よほど前に巡業先《じゅんぎょうさ》き

の沼津《ぬまづ》での話であります。

或日《あるひ》の取組みに、その勝負はむろん男女ノ川のものと当人も見物も決めていたところ、意外にも土俵の砂にまみれたものは、男女ノ川でありました。すると勝った方はサッサと引きあげたのに、負けた男女ノ川は、立ち上ろうとしないで、頻《しき》りに手を振って、何か考えごとをしているのです。満場の客は、ただ不思議がって見て居りますうちに、やっと得心《とくしん》が行《い》ったものの如く、頷《うなず》きながら土俵を下りていきました。

これはいうまでもなく、負けた原因が、どういう手の、どういう仕損《しそこな》いにあるのかと、いろいろに反省し考察していたのでしょうが、本当に『転《ころ》んでもただは起きない』という諺《ことわざ》の、文字どおりに実行されたものであります。人が笑おうが、何といおうが、そんなことなど更《さら》に眼中《がんちゅう》におかず、失敗を単に失敗に終らせずに、そこから何かしら獲物《えもの》をつかみ取《と》ろうとした彼の努力は、さすがにえらいものだとおもいました。

◇失望の底から光明へ

私は、日露戦争《にちろせんそう》のはじまった明治三十七年の五月、その前年までやっていた新聲《しんせい》社《しゃ》をやめ、あらためて新潮社で打って出て、雑誌『新潮《しんちょう》』を創刊することとなりました。前にいた二十人ばかりの社員はみな散《ち》り散《ぢ》りになって、残っているのは小さな小僧《こぞう》一人。それを相手に、編輯庶務《へんしゅうしょむ》の一切《いっさい》をやったのですが、印刷費のたしにするためには広告をとらなければならないので、私はある人の紹介で神田今川小路《かんだいまがわこうじ》の某《ぼう》書店に交渉《こうしょう》したのであります。

その書店では、何とかなるだろうから、明日《あした》来いと言うのです。これは有り難いことだと深く感謝して、翌日行きますと、また明日来いと言う、また行けばまた明日です。が、大丈夫、何とかなりそうな口吻《こうふん》なので希望をつないで行くこと六七回、いよいよ最後のぎりぎりの締切という日、折角《せっかく》だが駄目《だめ》ですよと、にべもなく断《ことわ》られてしまいました。

万事休《ばんじきゅう》す！　私は頭をガンとやられたような気がして、全く途方《とほう》にくれてしまいました。その時、広告を貰《もら》わなければ、雑誌は出せなかったのであります。

もうどうにもならないから、一先《ひとま》ず自宅《うち》へ帰ろうと思ったとき、閃《ひらめ》くように私の頭につよく響《ひび》いて来たものは、

――そんなことで失望してどうする。

――更《さら》に元気を振い起こせ。

というのでした。

これこそ天の啓示《さとし》でもあったのでしょう。危《あや》うく引き返して帰途《きと》につこうとした私は、ハッとして心をとり直《なお》し、更《さら》に

足の向くまま別の方向へ歩いて行きました。足の向くまま――、全く、どこというあてはなかったのでした。すると、行くこと二丁《にちょう》ばかりで、K社という看板がフト眼に入ったのであります。

これは数年前から出版をはじめたところで、私とは何の関係もないのですが、切羽《せっぱ》つまった場合ですから、前後を考える暇《いとま》がなく、いきなり入って行って広告の交渉をしました。ところがK社は、まるで私の来るのを待ち受けてでもいたように、極《きわ》めて簡単に希望どおりの広告をくれたのであります。

私が、ほっとして、「よかった！」と心の中《うち》で叫んだことは、言うまでもありますまい。

そうして一度関係がつくと、K社では私をひどく信じて、一冊千枚とか千五百枚とかの大部《たいぶ》の著述《ちょじゅつ》や編輯物《へんしゅうもの》を次ぎ次ぎに依頼されて、全く予期しない報酬《ほうしゅう》を受けることになりました。自分の仕事の外《ほか》に、そういうものを引受《ひきう》けたので、文字どおり夜《よ》を日《ひ》についでの努力ではありましたが、無一文《むいちもん》同様で新潮社をはじめた私は、これによって少いながらも活動の資金を得たことは、大きな喜びだったのであります。

あの時、もし失望のあまり自宅《うち》へ帰ってしまったら、――そしてK社を訪ねる機会がなかったら、私はあんなに早く更生《こうせい》の道を進むことができたであろうか。よしできても、どんなにひどい艱苦《かんく》と闘《たたか》わねばならなかったことだろう――そう思いますと、あぶない運命の岐《わか》れ目に立っていたのだったと、今なお感慨《かんがい》に堪《た》えないものがあります。而《しか》もこういうことは、私の長い出版生活に於《おい》て決して三度や四度ではなかったのですが、その度《たび》に、人間は決して失望してはならぬ、転《ころ》んでもただ起きるな――という腹の底へ沁《し》み込む、尊い教訓を味いました。

なお一言附記《いちごんふき》したいことは、広告を最後まで引きずって愈々《いよいよ》というとき背負《しょ》い投げを食わした某《ぼう》書店についてであります。

当時はずいぶん憤慨《ふんがい》して、このままには済《す》まされないなどと力《りき》んだのでしたが、後になって考えて見ますと、当時もしその書店で広告をくれましたら、ほんの少しばかりの料金を得たことに満足して、恐らくK社を訪ねる機会を得なかったに相違ありません。とすれば何も憤慨することはなく、禍《わざわい》も幸福も転々《てんてん》するものだという『人間万事《ばんじ》は塞翁《さいおう》の馬』の故事《こじ》をつくづく思いだされるのであります。

経《へ》て来た人生の迹《あと》をふりかえって見ますと、好意を寄せられた人も、悪意を有《も》たれた人も、みんな私を斯《か》くあらしめるための機縁《きえん》となったのであります。人の世の面白さ、そして有り難さをしみじみ感謝せずにはいられません。

日の出を拝《おが》む

◇不思議な霊《れい》感《かん》

もし人が私に向って、毎日の日課中、最も重要であり、そして又最も快心《かいしん》とするものは何であるかと尋《たず》ねましたなら、私はたちどころに答えます。それは暁《あかつき》に、日の出を拝《おが》むことであると。

私は毎朝、夜の明けないうちに起き、雨や雪の日でないかぎり、必ず屋上にのぼって日の出を拝《はい》すること二十年ちかくなりますが、東天《とうてん》に向って立って居ると、言うに言われない心持の起るのが常であります。ある時は、声高く歌いたいような気になり、ある時は、頭が自《おのずか》ら下《さが》って、涙のくだるのを覚《おぼ》えることさえあります。

私は、いまこの時の、不可思議《ふかしぎ》な霊感を書き表わそうとしても、それにふさわしい言葉を知りません。しかし、旭光礼拝《きょっこうらいはい》の大いなる恵《めぐ》みに浴《よく》する毎朝の感じを静かに考え合わせますと、そこには、さまざまな内容が含まれていることをおぼえます。

◇『今日《きょう》』の生命《いのち》の誕生

人は新しきをよろこびます。

古人《こじん》は、日《ひ》に新《あら》たに、日々《ひび》に新《あら》たにして、また日《ひ》に新《あら》たなりと言いました。古きを捨つると新しきに就《つ》くとは、人間の快感のうちの最も大きなものであります。東の空より太陽が頭を擡《もた》げるとき、一切《いっさい》のものは悉《ことごと》くその面目《めんぼく》を新《あら》たにします。従って自分自身もその全部をあげて、根柢《こんてい》から一新《いっしん》させられるという感じがします。すがすがしいという言葉は、実にこの際にのみ適するもののように思われます。

× × ×

人はまた誕生を祝うこころをもって居ります。

朝日子《あさひこ》の誕生！　実際朝日の生れるのを見て居りますと、『偉大なる誕生』という感じがせずにはいられません。赤子《あかご》の赤いごとく、朝日子も紅《あか》く、空も雲も、あたり一面は赤い産衣《うぶぎ》をひろげ、天地を挙《あ》げて祝福して居るように感じられます。鳥のさえずる声々も、朝日子の誕生を祝福すると共に、自《みずか》らも『今日』の産声《うぶごえ》をあげて居ります。

私はこの鳥の声々に眼ざめさせられて、『今日もまた』と勇ましく屋上に上って行きます。そうして朝日子の誕生を見ますと、これは、とりも直さず自分の『今日』の生命《いのち》の誕生であると思わずにいられません。そして今日の自分が生み出すべき仕事に向って、新しき生命を吹き込もうという念願が燃えたちます。

◇旭日《きょくじつ》の荘厳《そうごん》――光へ！光へ

人はまた美しいものをよろこびます。美しいものは数多いのですが、その豊富で複雑で多様なこと、朝日に及ぶものはありますまい。

暁《あかつき》を主題にした詩歌、文章、絵画は昔から沢山《たくさん》ありますが、この複雑豊富《ほうふ》な色彩《しきさい》と、刹那《せつな》刹那のかぎりない変化とを、人間の言葉や絵具とでは、その幾《いく》万分の一をも表わすことはできません。荘厳《そうごん》にもいろいろありますが、いかにしても人の手になった荘厳は大自然のそれには及ばないこと遠く、わけても尊いものは、朝日と、朝日をめぐる天地の荘厳であります。それはどんな讃辞《さんじ》でも言い尽《つ》くせぬ大荘厳であります。

朝な朝な、この大荘厳を眼《ま》のあたり拝《はい》して、人間の情操《じょうそう》が、どれだけ浄化《じょうか》されるかは、多く言うまでもありません。

×　×　×

人はまた光を愛します。

暗黒《あんこく》と光明《こうみょう》と、この二つの言葉に、いかに大きな感じの相違がありましょう。光！　光明！　これほど慕《した》わしいものが、またとこの世にありましょうか。暗《やみ》を厭《いと》い、光を慕う――人間の一生は、畢竟《ひっきょう》この過程《かてい》にすぎません。いかなる場合にも暗《やみ》を恐れ遠ざかり、光に向い近づこうとつとめます。意識するとしないとに論《ろん》なく、いかなる人も、いかなる時も、この原則を離れ得《う》ることはありますまい。

病弱より健康へ、敗北より勝利へ、失敗より成功へ、苦痛より快楽へ、堕落《だらく》より向上へ、闇愚《あんぐ》より叡智《えいち》へ、これは人間の本性《ほんせい》に具《そな》わった願いであり、望みであり、それは、すべて暗黒より光明へという言葉で表わされます。光へ、光へ、これが人間の一生を支配する力であり、誰しも背《そむ》き得《え》られぬものであります。

暁の光が万人《ばんじん》に言いしれぬ霊感を与えるのは、万人の望む光の本源《ほんげん》がここにあるからでありましょう。

◇清浄《しょうじょう》の極《きわ》み――不可思議《ふかしぎ》な力

人はまた清浄なるものを尊《とうと》びます。

暁の光を拝《はい》しているとき、私は常にこの光に照《て》し出されて自《みずか》らの内面の醜《みにく》さを恥《は》じます。これは清浄なるものに対するとき、何人《なんぴと》も自然に湧《わ》き起こる感情でありましょう。

富士登山の行者《ぎょうじゃ》たちが、朝の御来迎《ごらいごう》に対して六根清浄《ろっこんしょうじょう》を唱《とな》えるのが、実に自然であることを痛感させられます。人は意識しないでも自らを揚《あ》げて行こうとする願いをもつものです。それが最も明かに発揮されるのは、清浄の極《きわ》みである暁の空の微《み》塵汚《じんけが》れなき荘厳《そうごん》に対した時であります。

× × ×

人はまた、朝日に対して居ると、一種の勇ましさを感じます。あたりを払って、ぐんぐん昇って来る朝日が、あらゆる障害を排《はい》し、あらゆるものを睥睨《へいげい》して、金剛《こんごう》力士《りきし》の如《ごと》き姿をして昇って来るさまは、『力』そのものであり、『雄大《ゆうだい》』そのものであり、これに眺《なが》め入《い》っていると、振《ふる》いたつような勇ましさを感じさせられるのであります。

よく哲学者《てつがくしゃ》や宗教家が、永遠《えいえん》、無限《むげん》、悠久《ゆうきゅう》という言葉を使いますが、ややもすれば言葉だけであって、内容の空《むな》しい感じがさせられます。私としては充実《じゅうじつ》した悠久感――無限に触《ふ》れ、永遠に接《せっ》したような感じのするのは、この朝日を拝《おが》んだ時にのみ起ります。

おもうに釈迦如来《しゃかにょらい》が、「われ天地有情《てんちうじょう》とともに成道《じょうどう》す」と言って大悟徹底《たいごてってい》されたのは、十二月八日のあけの明星《みょうじょう》の東天《とうてん》にかかる時であり、日蓮上人《にちれんしょうにん》が、初めて南無《なむ》妙法蓮華経《みょうほうれんげきょう》と題目《だいもく》を唱《とな》えたのも、暁《あかつき》の光を望《のぞ》んだ時のことであります。

黒住宗忠《くろずみむねただ》が、ある冬の朝、太陽を拝んでいると、燃ゆるような火の毬《まり》が、忽然《こつぜん》としてその胸に躍《おど》り入《い》り、日光肺腑《はいふ》に徹《てっ》して、神と直《ただ》ちに気息《きそく》を通《つう》ずる感がしたと云《い》うことであります。彼が、天に任《まか》せよ、陽気《ようき》になれなどの五事《じ》を旨《むね》とする黒住教《くろずみきょう》を

建《た》てたのはそれからであります。
天照大神《あまてらすおおみかみ》のことは申すも畏《かしこ》し。エジプトの太陽神《しん》ラアに関する神話などに見ても、この暁の光が人間の身心の上に光被《こうひ》する力の実に偉大で、永久的で、また不可思議なことに驚かずにはいられません。

◇真剣な働き――早起《はやお》きの習慣

進取的《しんしゅてき》な国民、隆盛期《りゅうせいき》の民族は早起きであり、退嬰的《たいえいてき》な民族《みんぞく》、亡国《ぼうこく》の民《たみ》は、いぎたなく朝寝をしています。即《すなわ》ち米、英、独などの諸国民は概《がい》して早起きであり、ギリシャ人の如《ごと》きは、遅寝《おそね》遅起きの標本で、その国民議会は夜の十二時に始まり、夜明けに閉《と》じると言いますが、(併合前《へいごうぜん》の朝鮮政府もこれに似《に》たものでありました)、これではよい考えの起きよう筈がありません。

古来《こらい》、大きな仕事を成就《じょうじゅ》したり長生きしたりする人は、大抵《たいてい》朝起きであります。その人たちは、みな朝起きの福音《ふくいん》を語っていますが、豊太閤《ほうたいこう》の遺訓《いくん》のなかにも、『朝寝するな』という一ケ条があります。いかにもこの人らしい単刀直入《たんとうちょくにゅう》さで、寸鉄人《すんてつひと》を刺《さ》すというべきです。

『朝寝するな……豊臣秀吉《とよとみひでよし》』

と大書《たいしょ》して壁《かべ》にでも掲《かか》げましたら、早起きの好《よ》い標語となろうかと微笑《ほほえ》まれます。

× × ×

私は、昭和七年の夏、新大衆《たいしゅう》雑誌を創刊《そうかん》するとき、その題目《だいもく》を『日《ひ》の出《で》』とし、更《さら》にそれを記念する意味を含めて、『日の出早起会《はやおきかい》』をつくりました。旭日礼拝《きょくじつらいはい》の機運《きうん》を全国的に盛んならしめようとする微意《びい》からであります。社務《しゃむ》の忙しさに追われ、この会のために多く力を割《さ》くことのできないのを遺憾《いかん》に思っていますが、私はもちろん、社員みな相戒《あいいまし》めて早起きの習慣をやぶらないように努《つと》めています。そして、社務についての重大な相談をするときは、冬の寒さの烈《はげ》しい時以外は、早天《そうてん》会議というを開き、夜《よ》の全くあけきらないうちから、屋上《おくじょう》に机をならべて握飯《にぎりめし》を頬張《ほおば》りながら、意見を交換《こうかん》し合うのです。雑念《ざつねん》が起きないで頭の澄《す》んでいる早暁《そうぎょう》くらい、好《い》い考えの浮ぶときはありません。

私は絶《た》えず早起きの福音を書きもすれば、説《と》きもしていますが、大抵《たいてい》の人は、実行の容易でないことを訴《うった》えて、たやすく肯《うなず》こうとはしないのです。習慣に克《か》つことは固《もと》より困難に相違ありませんが、しかし、この困難を突破する意気がなくて何事て旭日《ひ》すでに高く昇って、鳥の声の喧《かまびす》しい時、蒲団《ふとん》を被《かぶ》って昏々《こんこん》と眠《ねむ》っている人が、仕事の行きづまりを訴《うった》え、家庭の朗《ほがら》かになり得ないことなどを嘆《なげ》いたところで、一笑《いっしょう》の値《あたい》だもないのであります。

国民がみな早天《そうてん》に起き、旭光《きょっこう》に清《きよ》められ力づけられて、真剣に働く日が来たら、国力はいかに充実《じゅうじつ》し、人々はいかに幸福になることでしょうか。私は言葉をつくして旭日礼拝《きょくじつらいはい》の気風《きふう》を鼓吹《こすい》したいと念願する所以《ゆえん》であります。

——生きる力　了——

『生きる力』諸家《しょか》の感想

近来稀《まれ》に見るの好著

徳《とく》富《とみ》猪《い》一《いち》郎《ろう》（蘇《そ》峰《ほう》）

文久三年（一八六三）～昭和三二年（一九五七）。肥後（熊本県）出身。明治・大正・昭和を通じての我国の最も代表的な言論人。徳富蘆花の兄。『近世日本国民史』（全五〇巻）で昭和一二年（一九三七）学士院恩賜賞受賞。昭和一八年（一九四三）第一回文化勲章を受章。

新潮社社長佐藤義亮君は、身を貧寒《ひんかん》に起し、具《つぶ》さに人生の辛酸《しんさん》を嘗《な》めて、拮据《きっきょ》経営、今日の大を成せるの人。その事業的成功と、人格的鍛錬《たんれん》とを併《あわ》せ得、物心両面に亙《わた》りて洵《まこと》によく生き得たるの人である。今『生きる力』一巻に豊富なる体験を語る。例えば、千軍万《せんぐんばん》馬《ば》の老将が、瘢痕《きずあと》を撫《ぶ》して、戦場往来《おうらい》の思い出を語るが如し。おさむるところ二十余篇《よへん》、各篇悉《ことごと》く題《だい》し得《え》て痛切《つうせつ》、説《と》き得て深切《しんせつ》。いずれも修身斉家《しゅうしんせいか》の活教訓ならざるは無い。語は平俗《へいぞく》容易にして、盛《も》るに高遠《こうえん》の理想を以《もっ》てし、細《こま》かに日常坐臥《ざが》の心得を説きつつ、深く天人合一《てんじんごういつ》の至境《しきょう》を示すところ、正《まさ》に天下一品の観《かん》がある。読む事一行にして一行の益あり、読む事一頁《ページ》にして一頁の益あり。予《よ》は、近来稀《まれ》に見るの好著として、此の書を万人《ばんにん》の座右《ざゆう》に薦《すす》めるものである。

人の生きる道を語る

永《なが》井《い》柳《りゅう》太《た》郎《ろう》

明治一四年（一八八一）～昭和一九年（一九四四）。石川県出身。政治家。衆議院議員連続当選八回。普通選挙法の確立に尽力した。

『生きる力』一巻は、出世《しゅっせ》成功の道を語っただけでなく、それ以上に突き進んで、本当に人間の生きる道、本当に人間の幸福であり得る道を語った書である。処世術《しょせいじゅつ》の指針であると共に、深い精神の書《しょ》である。

所載《しょさい》二十余篇、何《いず》れも著者の痛切な体験から滲《し》み出た言葉であって、抽象《ちゅうしょう》な空疎《くうそ》な文字は、何処《どこ》にも見当らない。今や時代は一大転換期に直面している。何人《なんぴと》も、人は如何《いか》に生くべきかという根本的な問題を再考しないでは居られない。本書はその根本的な問題に対して答案を与えんとするものである。(談)

悉く人生の好教訓

菊《きく》池《ち》寛《ひろし(かん)》

明治二一年(一八八八)~昭和二三年(一九四八)。香川県出身。小説家・劇作家。大正一二年(一九二三)雑誌「文藝春秋」を創刊。

佐藤新潮社社長は、赤手空拳《せきしゅくうけん》にして、現在の地位を築《きず》いた人である。その人が、最近宗教的信念により、その心眼《しんがん》を開き、処世《しょせい》修養の道を説《と》いているのであるから、その一話一言《いちわいちげん》、悉《ことごと》く人生の真実に即《そく》した好教訓《こうきょうくん》である。道は近きに在《あ》りと、而《しか》もその近きにある道を指示することは、達眼《たつがん》の士《し》でなければ成《な》し得《え》ないことである。しかも、それを人に説くには、宗教的信念と情熱とがあって、初めて力強いのである。佐藤氏の訓話《くんわ》が読者を動かす力も、又そこに在るのであろう。

光明を与える書

櫻《さくら》井《い》忠《ただ》温《よし》

明治一二年（一八七九）～昭和四〇年（一九六五）。愛媛県出身。陸軍軍人、昭和五年少将。作家、「桜井忠温全集」全六巻。

兎角《とかく》生きることが六《む》つかしくなっている人間である。それに生きる力を与えようという此《こ》の書《しょ》を大きな好奇心で覗《のぞ》いてみた。一頁《ページ》一頁と進む内に、頭の中に自分の大きな醜《みにく》い映像が描《えが》き出されて来て、「こいつはいかん」と言った心持になる。「自分と妥協《だきょう》するな」という一章があるが、全く今まで自分で自分を許し過ぎていた事がハッキリ分ってくる。生きて行けるものも、自ら殺していたのだったということが。

真剣という事は平凡な教訓のようでも、何故《なぜ》真剣ならざるを得ないかという事が、此の書の中に大きな脈《みゃく》を打っている。此の書こそ、自分を救い、社会を救い、国家を救い、世界を救う一大教書《いちだいきょうしょ》だと信ずる。あり触《ふ》れていない引例も一々ヒシヒシと胸にこたえる。こんなに細かい所をどこから著者は覗《うかが》っているのかということに驚かれ、恐れる。時局艱難《じきょくかんなん》の折柄《おりがら》、此の書の出現こそ、吾々《われわれ》の行手《ゆくて》に一大光明を与えるものだ。「有難い」という一心で著者に感謝の礼を捧《ささ》げる。

『生きる力』とその著者

加《か》藤《とう》武《たけ》雄《お》

明治二一年（一八八八）〜昭和三一年（一九五六）。神奈川県出身。小説家。主として通俗小説・少女小説家として活躍。

瀟洒《しょうしゃ》たる美本《びほん》である。表紙には、竹と筍《たけのこ》との絵が小室翠雲《こむろすいうん》画伯の筆で描かれている、好い絵だなと、暫《しばら》く眺《なが》めてから、頁《ページ》を開いて先《ま》ず序文を読むと、「人生の行路は、難関から難関へとつづいています。しかし、竹は節《ふし》のできる毎《ごと》に伸《の》びて行くように、人は難関を突破する毎に大きくなって行くものであります」とある。果然《かぜん》、寓意《ぐうい》のある絵であった。難関を突破する毎に大きくなる――。

この竹の絵には、著者の全過去と全体験とが寓《ぐう》せられていたのである。

僕が初めて、著者の知を辱《かたじけの》うし得たのは、今から凡《およ》そ三十年前の事だ。三十年間、僕《ぼく》は日夕《にっせき》著者に親炙《しんしゃ》して、微々《びび》たる一小書肆《しょし》から今日の大新潮社を築き上げるまでの著者の努力を、はっきりとこの眼で見て来た。人は著者の物質的成功を讃《たた》える。が、僕は、著者の本当の苦労が何処《どこ》にあったかを、そして著者の本当の成功が何処にあったかを知っている。それは、物質の世界には無かった。心の世界、精神の世界にあったのである。

正直にいう。僕は大新潮社社長の肩書に脱帽《だつぼう》するものではない。その事業と富と、社会的地位と、あらゆる風袋《ふうたい》を控除《こうじょ》し去ったあとの一介赤裸《いっかいせきら》の、佐藤義亮の、その人格的円成《えんじょう》の前にひざまずくものである。難関を突破する毎に大きくなったその雲を払う竹の姿は、著者の事業の姿でもあろう。が、より多く著者の心の姿、精神の姿である。

著者は今、穏《おだ》やかな微笑を以《もっ》てこれ等の人生訓を語って居る。が、その一語一語は、皆、火の出るような鍛錬《たんれん》と、血のにじむような刻苦《こっく》とから打出せられたものである。月影《つきかげ》はさり気なく澄んでいる。が、激しい暴風雨が過ぎ去ったあとの空なのだ。

「全力を出しきれ」以下、「日の出を拝む」まで二十余篇、皆、現代の生活に即《そく》したもののみで、現代に生きる何人《なんぴと》にも切実《せつじつ》を極《きわ》めたる忠言《ちゅうげん》ならぬはない。説《と》くところは、かなり多方面にわたっているが、要旨《ようし》は、次の二つに尽《つ》きる。曰く、「働く」。曰く、「まこと」。

事実、僕は、この書の著者ほど、よく働く人を見たことがない。努力とか勤勉とかいう言葉は、この人のために作られたかと思うくらいだ。しかも、著者は、努力を楽しみ、勤勉を楽しんでいるのだ。働くことの中にのみ、幸福を見出しているという風《ふう》である。著者は、働くという事のうちに、一つの尊い宗教的意義を見出している。神の働きがこの天地万物《ばんぶつ》を作った。人間は働く事によって、神の意志に参加するのだと著者は考える。謂《い》うならば、働きは用だ。まことは体だ。まことの発現が働きだ――これが著者の哲学だ。いや、長い間の体験によって得た著者の宗教的信念なのである。これは、古聖《こせい》も既《すで》に説けるところ、理屈《りくつ》としては何人《なんぴと》でも判《わか》っているが、本当に身を以《もっ》て行いつつ、実物教授をしているところに、この訓話の強味がある。

全巻二百五十頁のうち、一字一行と云えども、唇頭《しんとう》の空言《くうげん》はない。「一切の物に代価を払え」と著者は云っているが、著者はこの一巻のために、実に幾十年の血と汗と涙とを払っているのだ。

いや、内容の解説は、この場合不必要だ。何よりも先《ま》ず一本《いっぽん》を手にして、読むが宜《よ》い。それは千誦万誦《せんしょうばんしょう》すべき人間経であるが、一方、又、千誦万誦して飽《あ》く事のない面白い本でもある。流石《さすが》に、昔とった杵柄《きねづか》で、渾然《こんぜん》たる名文章であり、何よりも嬉しいのは引例の豊富な事だ。「十種香《じっしゅこう》」を踊《おど》る某名優の話も出てくれば、福島中佐の話も出てくる。秋山参謀の話、親鸞上人の話、秀吉の話、岩崎彌太郎の話、それから著者身辺の、いろいろの人間の話が次から次へと出てきて、面白い世間話を聞かされながら、知らず識《し》らず人間生活の真諦《しんたい》に悟入《ごにゅう》せしめられる。何人《なんぴと》が読んでも判《わか》り、何人が読んでも面白く、何人が読んでも為《ため》になると書くと、酷《ひど》く月並みな讃辞《さんじ》になるが、論《ろん》より証拠《しょうこ》、先《ま》ずこの書《しょ》を取って、第一頁を開き給《たま》え。尽《つ》くるに惜《お》しき二百五十頁――。人は、二百五十頁はあまりに小冊に過ぎるを憾《うら》まずにはいられないであろう。（了）

あとがき

——体験から出た「推薦本」

上智大学名誉教授　渡部昇一

大学の教育学の教授として神藤先生は、ドイツ風の「体系的」な教育学よりも、御自宅では常に「通俗的」と思われる本をすすめられるのが常であった。それは、先生御自身の体験から出たものであろう。

たとえば、私に向かって口をきわめて推奨された本は佐藤義亮『生きる力』（新潮社、昭和十一年、七＋二百四十六pp.）であった。この著者はいうまでもなく、新潮社の創設者である。裸一貫で秋田から出て、印刷工場に勤めたあと出版業を始め、雑誌『新聲』を創刊したが失敗した。そういう苦労を経て成功した人である。『生きる力』を出した頃は、新潮社の大衆雑誌『日の出』が講談社の『キング』に対抗するかの如く出て、『キング』には及ばないまでも二番手であった。その自分の苦労から得た体験を小冊子にまとめたのである。『日の出』には毎号、「日の出の言葉」という佐藤社長の訓話が掲載されていた。これは評判がよかったので、一冊にまとめられたのである。教訓書を多く出した講談社の創業者の野間清治と同じパターンである。

この本を神藤先生に貸していただいて私は読んだが、私も先生に劣らずこの本から感銘を受け、「生きる力」を授けられた気がした。結局、この本も先生からいただいたが、本当にボロボロになるほど読み返している。

『生きる力』はベストセラーだった。それで二年後に続編が出た。『生きる力』の第二編は『向上の道』（新潮社、昭和十三年、七＋二百五十pp.）である。

これは初刷十万部、再刷五万部、三刷五万部、四刷三万部であるから、出版したその年のうちに二十三万部を超えたことになる。凄まじい人気である。そして、翌年、さらにその続編『明るい生活』(新潮社、昭和十四年、七+二百四十三pp.)が出た。この時までに『生きる力』は六百六十刷、『向上の道』は六百十二刷という凄まじい冊数であった。

この本にも、露伴のような主旨の言葉が多くみられる。たとえば、「山が抜けるまで」の項目のところには次のような言葉がある。

「頭がよくないと言われる人は……人間の頭も使えば使うほど知恵が湧いてくることを知らねばなりません。長い間、凡物と言われて来た人が、忽然として頭の冴えを見せて周囲を驚かした事実を私は屢々《しばしば》見てきました……」

このあたりは、露伴の『努力論』に出てくる闇百詩を連想させる。

——向上のためのヒント

ここで注目すべきことは、佐藤義亮のこうした本は、シナ事変の頃に出ていることとである。軍国主義的とか、侵略国家的とかいうところは少しもない。一言で言えば、スマイルズの『セルフ・ヘルプ』の世界なのだ。

裸一貫で東北の田舎から出て成功した人が「生きる力」をどうして得たか、「向上の道」には何が重要か、「明るい生活」にはどのような心懸が大切かを体験的に語っているので、戦争の話と関係がない修養・自己改善の話である。

神藤先生は私に教育学の学問の本を薦められずに、教育的な本をよく与えられたのである。個人の修養とか向上のためのヒントは体系的学問のなかにあるのではなく、通俗と見える本にあることを知っておられたのだと思う。これは、のちに私がものを書くようになった時の指針になった。

ワック刊「WiLL」二〇一三年一一月号「書物ある人生㉕ 通俗書から滲み出る真理」より一部、『生きる力』についての記述の部分を転載。

著者略歴

明治11年（1878）2月18日、秋田県泉北郡角館町に生れる。明治・大正・昭和にまたがる出版人。新潮社創業者。

明治29年（1896）新聲社創立、「新聲」創刊（18歳）。明治37年（1904）新潮社創立、「新潮」創刊（26歳）。大正3年（1914）第1期「新潮文庫」創刊（36歳）。昭和2年（1927）「世界文学全集」全38巻刊行開始（49歳）。昭和7年（1932）雑誌「日の出」創刊（54歳）。昭和21年（1946）2月引退（68歳）し、長男義夫が第2代社長に就任。昭和26年（1951）8月18日永眠（73歳）。

生きる力　［広瀬ライブラリー］1

平成26年（2014）8月25日　初版第1刷 発行

著作者　佐藤義亮

発行所　株式会社 広瀬書院　HIROSE-SHOIN INC.

171-0022 東京都豊島区南池袋4—20—9　サンロードビル 603

電話 03-6914-1315

発売所　丸善出版株式会社

101-0051 東京都千代田区神田神保町2—17

電話 03-3512-3256

http://pub.maruzen.co.jp/

印刷所　大日本印刷株式会社

Printed in Japan

ISBN978-4-906701-09-4

「広瀬ライブラリー」発刊の趣旨

かつて人々を励まし勇気を与え喜ばせた本が、埋もれて「今はない」ものとなっている、そういう価値高く有益な本は数知れない。新刊書店に対する古書店の仕事のごとく、新刊を次々出す多くの出版社の仕事に対して過去に大きな役目を果たした本を発掘して再提供する仕事もある。

ここに注目して、生れは古いが中身はいつの時代にも通じる内容の本、かえって、新しい時代の人々により新鮮な印象を与え得る本に再び活躍してもらうことの重要さを思い、微力ながら、この「広瀬ライブラリー」を世に問う次第です。

当社の第一の柱「渡部昇一ブックス」に該当しない作品を収録するのが当「広瀬ライブラリー」となる。昔のものに限らず広く佳作で構成する当社第二の柱とするものです。大方の御期待に添うことを願っています。

平成二十六年八月二十五日　　広瀬書院　岩﨑幹雄